九州からの邪馬台国と近畿王国
そして日本国の始まり

田島代支宣

海鳥社

まえがき

日本の温暖期と寒冷期の研究によると、二六〇〇〜一九〇〇年前は温暖期であり、その後、古墳時代（四〜五世紀）に入って寒冷化している。

二〜三世紀の北九州について、有明海は現在より深く内陸地帯にまで及んでいた。大和川については下流部は乱流し、河内湖があり、中流部は盆地湖又は氾濫平野であった。参考図を示す。そのため、初期の古墳（例、新沢茶臼山、メスリ山、箸墓、景行陵、崇神陵、成務陵など）は盆地の東側丘陵近くに形成され、平野の中央部にない。

北九州の御笠川と奈良の大和川を比べると御笠川は小さく、海に近く、水利も比較的安定しているので、簡単な水利施設で取水できる。大和川の初期の水田は盆地の東側の丘陵である笠置山地のへりに近く、稲作用のため池も多い。海から遠く、西部に生駒山地（生駒山六四二メートル）があるため降水量が少なく、笠置山地（笠置山二八九メートル）は低く、山地が狭く、大量な水を保水できない。そのため、現在でもため池の数はきわ立って多い。

北九州と奈良の地理を比べると、北九州は海に面していて、朝鮮半島や中国大陸に近く、稲

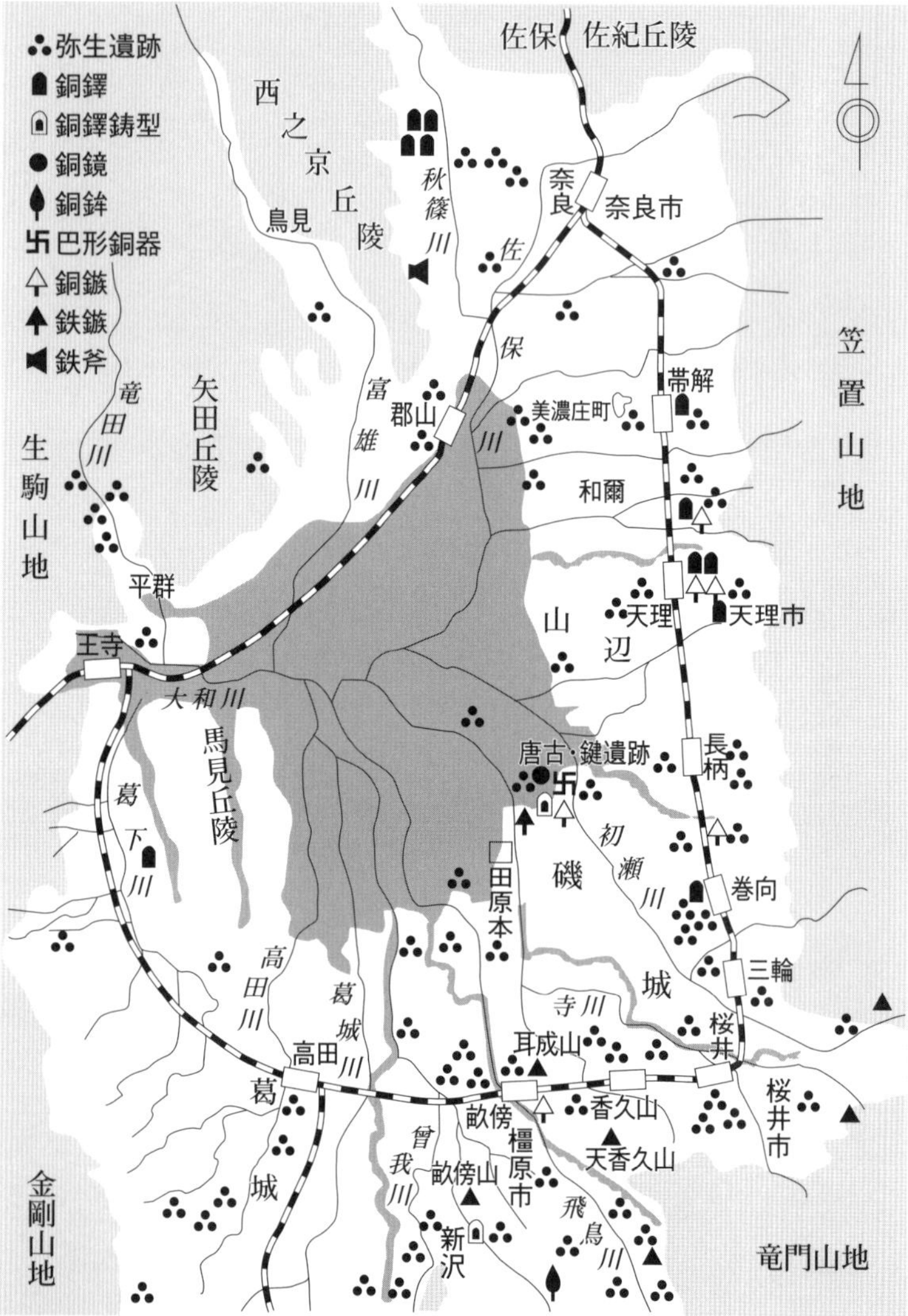

奈良盆地には、盆地湖または氾濫平野があった
（出典：安本美典『古代物部氏と先代旧事本紀の謎』2003年）

作、鉄、絹の導入などについて有利である。奈良は海がなく、大和川をさかのぼることは困難であり、大陸とも離れている。奈良盆地は水稲栽培のため池を作り、棚田が多く、初期の古墳は丘陵のへりに取得された。

こうした事実を土台にして邪馬台国・九州王国と近畿王国の視点から日本国の成立を考える。地理、歴史書、稲作、遺跡など多角的、多元的かつ実証的にした。古代においては吉備（岡山県）や北関東にも王国があったとみられるが、二国を軸にして日本国の成立までをみる。確定的でないが、懸命に歴史の真実に迫ったものである。

二〇一五年

田島《たじま》代支宣《よしのぶ》

九州からの邪馬台国と近畿王国
そして日本国の始まり
——目次

十一章　白村江の戦い

一章　邪馬台国・九州王国と近畿王国

『古事記』（「記」と略す）と『日本書紀』（「紀」と略す）で展開されている古代史は日本列島の王朝は神武から始まる王朝だけであり、ほかの全ては豪族であるとする。これは中国の歴史書、鉄器、稲作、絹、古墳などから否定される。七世紀以前の倭の代表的なものは朝鮮半島および九州にあった王国である。したがって、七世紀以前には九州、近畿に大きな王国があり、それ以外にも吉備、出雲、北関東に王国があり、日本国の成立は七世紀末である。

①「記」における国生み神話は九州と山陰を中心としており、神話に出てくる地名の大部分は西海道と山陰道であり、近畿分はわずかである。

「記紀」の天孫降臨地の代表的なものは〝筑紫の日向の高千穂のクシフル峯〟であるがそれらは福岡県に比定地がある。しかも、その地は韓国に向い、糸島半島には笠沙《かささ》名もあり、降臨地として稲作適地である。

「記紀」神話には三種の神器が頻出するが、二～三世紀において、三種の神器（剣、玉、鏡）が

王陵から併せて出土するのは
吉武高木遺跡（福岡県福岡市）
三雲遺跡（同県糸島市）
須玖岡本遺跡（同県春日市）
井原遺跡（同県糸島市）
平原遺跡（同右）（注：内行花文鏡四六センチメートルが五面出土）
の五つであり、全て北九州にある。

②弥生時代における鉄鏃、鉄刀、鉄剣、絹製品などの出土について、福岡県と奈良県とを比べると福岡県の出土が圧倒的である。

鉄器について、北九州は早くから普及していた。その動向について九州→近畿である。

初期稲作について、地下水位との関係で湿田、半湿田、乾田に分かれるが、板付遺跡（福岡県福岡市）に弥生早期の環濠集落が見出せる。

古墳時代に入ると乾田が普及し、ため池を使い、大規模な水田が開発され、「紀」によると崇神～履中において、ため池造成記事が多くみられる。稲作について主に大陸から北九州に入り、本州各地に普及した。

③一～二世紀頃の中国との通商を示すものとして『漢書』によると、「楽浪海中に倭人有り、分かれて百余国となる」とあり、倭人は九州にいた。志賀島の金印は後漢の光武帝から授与さ

れ、その相手国は福岡沿岸にあった。

さらに『後漢書』によると「安帝の永初元（一〇七）年、倭の国王帥升らが生口百六十人を献じ、請見を願う」とする。この倭も九州にいた。
④「魏志倭人伝」（以下「倭人伝」と略す）による邪馬台（壱）国は福岡沿岸又は内陸部にあった。このことは記事による帯方郡からの距離、地名、事物（絹、矛、剣、鏡、玉、稲作、城柵など）から実証される。
⑤近畿天皇家の淵源は九州王権の分派である。神武の北九州からの東征は「記紀」から実証される。その時期は二世紀末～三世紀中頃とみる。
神武の身分を示す神器として天羽羽矢と歩靫《かちゆき》（やなぐい）であり、東征時王ではない。その東征が国全体の東遷にならない。東遷の史料もない。

九州から近畿への民族移動について数多くの類似な地名の移動がある。祭器としての銅鐸は近畿や出雲を中心としていたとみられるが、「記紀」に記事がないのは西方からの民族がそれを破壊し、銅剣、銅鉾に改めたからである。
⑥広開土王碑から、倭人（又は倭国）は北九州たまは朝鮮半島南部にいた。倭は少なくとも五世紀初に二度高句麗に敗れた。
⑦半島での敗戦が応神の近畿への進出の一つの要因となった。応神は北九州に生まれ、新天地を求めて、五世紀初め近畿へと進出した。合わせて本格的鉄器と馬の文化が伝わり、大和川

と淀川の下流部の大型開発が可能になった。河内を中心に応神王朝（応神、仁徳、履中、反正、允恭、安康、雄略）が成立し、大型古墳を造成した。しかし、古墳が大型であることから全国統一を立証しない。

⑧倭の五王は九州と中国地方の一部を拠点とする王である。讃、珍、済、興、武が応神王朝の王ではないことが、年代、名称、血縁関係などから示される。

⑨九州王国と近畿王国との最大の衝突は継体天皇と磐井の戦争である。しかし、磐井の勢力は戦後も継続した。これを示すのが、横穴式石室、石人石馬、装飾古墳である。

⑩『隋書』（倭国伝）の倭国（俀国）は九州にあった。七世紀前半である。いわゆる「日出ずる処の天子、云云」のタリシホコが九州にいたことは、王国までの旅程と国内に阿蘇山ありとすることから裏付けられる。

⑪九州王国が滅亡したのは半島に軍を送り国内に大型防衛施設を築き、白村江の戦いで敗退したためである。百済、高句麗も滅亡した。敗戦後、近畿王国が九州王国にとってかわり、日本国を成立させた。

⑫統一日本国の成立は七世紀末である。

中国史料はこれを示し、「紀」、『続日本紀』に統一日本国の成立を示す。その一つとして、それまでの九州年号がなくなり、「大宝」（七〇一年）として建元されている。大宝律令も制定されている。

二章　神話・神器・鉄器・絹からの九州王国

一　国生み神話

「記紀」には国土形成の神話がある。

伊邪那岐、伊邪那美の二柱の神はこの漂える国を形成せよと天つ神から命じられた。そこで二神は天沼矛をもち、天浮橋に立ち、矛をさしおろして引き上げると、矛先から落ちる塩が重なって淤能碁呂島《おのごろじま》ができた。この島は淡路の絵島とみられる。

二神はこの島に下って男神は左から女神は右から御柱をめぐってまぐわい、水蛭子《ひるこ》が生まれたが、次の淡島とともに流してしまった。

こんどは男神が女神を誘い、島を生んでいった。（　）内に推定地を示す。

淡道《あわじ》の穂の狭別《さわけ》島（淡路島）

伊予の二名島（四国）この中に伊予国、讃岐国、粟国、土佐国

隠伎の三子島（隠岐島）
筑紫島（九州）筑紫国は白日別《しらひわけ》、豊国は豊日別《とよひわけ》、肥国は建日向日豊久士比泥別《たけひむかひとよくじひねわけ》、熊曾国は建日別《たけひわけ》という。
伊伎島（壱岐）
津島（対馬）
佐度島（佐渡島）
大倭豊秋津島《おおやまととよあきづしま》（本州）
ここまでを大八島国という。
さらに、次の島を生んだ。
吉備児島（児島半島）
小豆島（小豆島）
大島（大島、山口県）
女島（姫島、福岡県）
知訶島（五島列島、長崎県）
両児島（男女群島、長崎県）
「記」の地名を分類すると、
西海道（九州地方――筑前、筑後、豊前、豊後、肥前、肥後、日向、大隅、薩摩、壱岐、対

馬）と山陰道（山陰地方――出雲、因幡、丹波、丹後、伯耆、隠岐、但馬、石見）が大部分を占め、それにつぐものは南海道（紀伊・四国――紀伊、阿波、讃岐、伊与、土佐、淡路）と畿内（大和、山城、河内、和泉、摂津）であり、それ以外はほんのわずかである。「記」の神話の舞台は九州と山陰を中心にしている。国生みの島でも瀬戸内海の島と四国、九州およびそのまわりの島を中心にしている。出雲神話を除けば神話は大部分九州に関係する。

二　降臨地

アマテラスはニニギ（アマテラスの孫）に五伴緒を従えさせ、勾玉、鏡、草那芸剣を授け、「この鏡をわが御魂としてわが前を拝くごとくせよ」とする。ニニギは筑紫の日向の高千穂のクシフル峯に天降った。降りたったニニギは「ここは韓国に向かい、、笠沙の御前を真来通りて朝日の直刺す国、夕日の日照る国なり」と言った。またアマテラスの生誕地について「竺紫の日向の橘の小門の阿波岐原」とする。

天孫降臨地について、「記紀」より

筑紫の日向の高千穂のクシフル峯（「記」）

日向の襲の高千穂峰（「紀」）

筑紫の日向の高千穂のクシフル峯（「紀」）

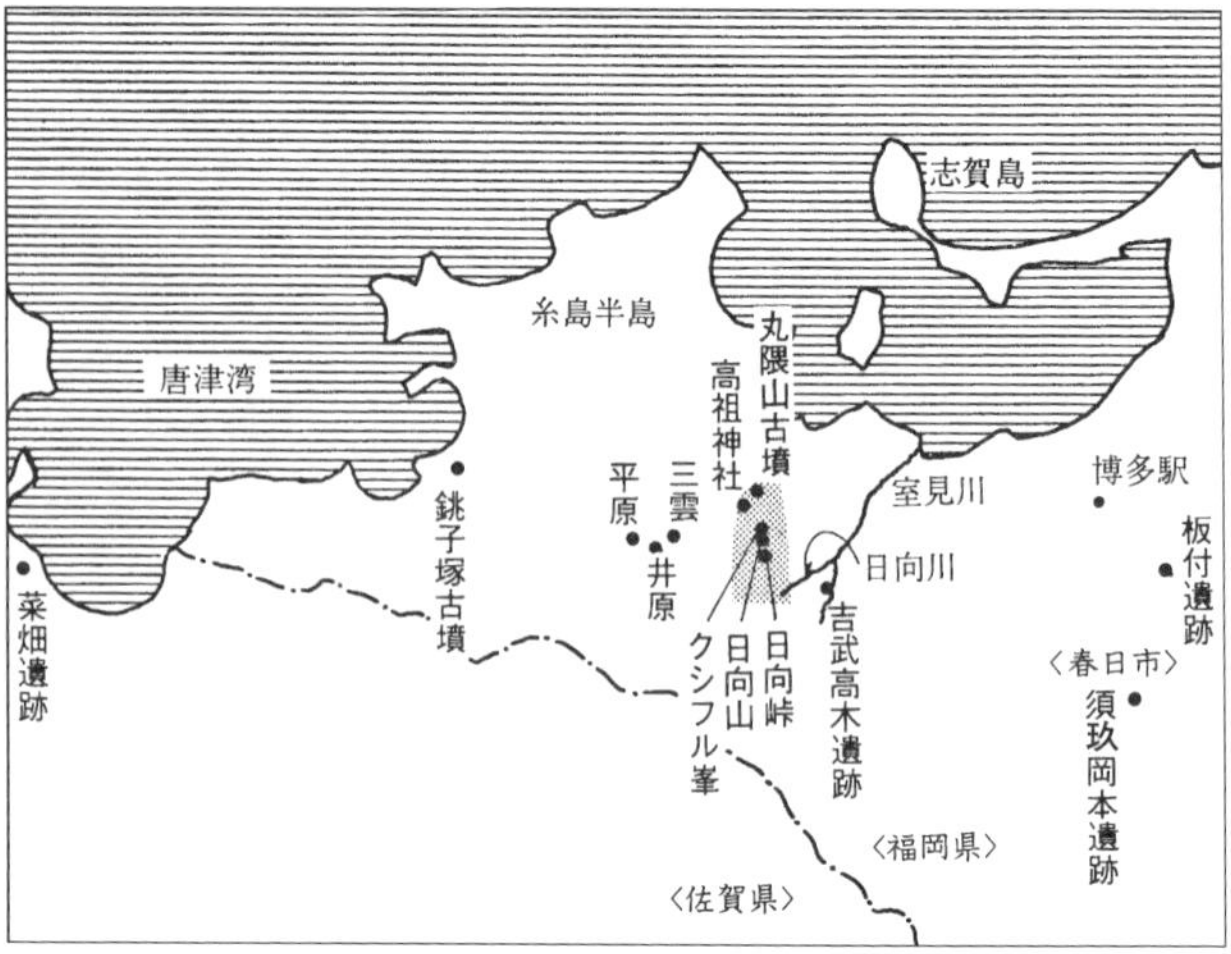

図表2－1　「天孫降臨」関連図
（出典：古田武彦著『日本古代新史』2000年）

日向のクシヒの高千穂の峰（「紀」）
日向の襲《そ》の高千穂のクチヒの二上峰（「紀」）
日向の襲の高千穂の添山《そほりやま》の峰（「紀」）

ここでの地名として筑紫は福岡県であり、日向は日向峠、日向川にその名が残り、高千穂は稲が高くみのれと祈る山の高祖山であり、近くにクシフル峯がある。襲は神の村落のことであり、ソホリは襲の原で、神を信じていた人々の村である。二上山は高祖山とクシフル峯のことである。具体的図（図表2－1）を示す。それ以外の地名として韓国に向かいとするので北部九州があてはまり、糸島半島に笠沙名がある。太陽の動きとも合致する。

その地は瑞穂の葦原の地とするので稲作に適した湿地帯ととれる。具体的な弥生時代の水田として、菜畑遺跡、板付遺跡、吉武高木遺跡、平原遺跡などがある。

平原遺跡からは径四六センチメートルの鏡が出土するだけでなく次がある。

平原遺跡からは銅鏡40枚のほか、鉄剣、ガラス製勾玉などが出土している

平原遺跡の一の鳥居から東方を望むと飯場峠、日向峠、東の原、クシフル峯、高祖山が望め、日の出は冬至－春分－夏至－秋分－冬至と変わりその動きが山や峠により示される。（原田大六『実在した神話』、藤田友治『前方後円墳』）このおおよその農業（稲作）と太陽の動きとして、

飯場峠：冬至、農民がお日待ちをするうちに新嘗祭となった
日向峠：ヒナタであり、古墳の被葬者の股間に朝日が入る頃
東原：春秋分の頃、秋分には刈入れとなる。
クシフル峯：二一〇日頃、太陽が荒ぶる頃である。稲の出穂期の頃
高祖山：苗代の頃、高千穂となれと祈る
高祖山の北方：夏至

一の鳥居から東方を見ることによって、山から昇る太陽の動きで季節がわかり、農作をきちんと実施できる。

また、箸墓古墳（奈良県桜井市）の西方の二上山はこのクシフル山と高祖山をなぞらえたものである。四世紀であ

り、アマテラス信仰にもふれている（原田、藤田・前掲書）。

神武以前の三代の陵を示す。
ニニギ　　　　　筑紫の日向の可愛之山陵
ヒコホホデミ　　日向の高屋山上陵
ウガヤフキアエズ　日向の吾平山上陵
ここで可愛山、高屋山、吾平山は場所が不確であるが、筑紫、日向はすでにのべたとおりである。ヒコホホデミの陵は「記」より高千穂の山の西とするので、糸島平野の王陵とみられる。

三　三種の神器

三種の神器は王のしるしととれるが、「記紀」に頻出する。
矛、刀、剣……天の沼矛、十拳剣、御刀、草那芸大刀、生大刀、十掬刀
鏡……八尺鏡
勾玉……御頸珠、八尺の勾瓊、勾玉
具体的個所例として
「ここにその招《お》きし八尺の勾瓊、鏡、また草薙剣、また常世思金神、手力男神、天石門別神を

遺跡名	神器内訳
吉武高木	剣（細型銅剣２、細形銅矛２、細形銅戈１）鏡（多鈕細文鏡１）勾玉（硬玉製勾玉１、碧玉製管玉95）
三雲	剣（細剣、細矛２、細戈）鏡（雷文鏡、重圏文鏡、連孤文銘帯鏡26、重圏銘帯鏡７）勾玉、ガラス璧
須玖岡本	剣（銅矛５、銅戈１、異型銅剣１、銅剣残欠３）鏡（きほう鏡２、星雲鏡１、重圏四乳華文鏡２、方格四乳華文鏡１、重圏精白鏡３、連孤文清白鏡４〜５、重圏日光鏡、蓮孤文里雲鏡５〜６、連白鏡系鏡４以上、他鏡片）勾玉（ガラス勾玉１、鹿角製管玉13）他にガラス璧、残欠２
井原	剣（鉄刀、鉄剣）鏡（四神鏡21、七脚巴３）勾玉
平原	剣（素環頭大刀１）鏡（舶載鏡37、仿製鏡５）玉（ガラス製勾玉３、ガラス製管玉30以上、ガラス製連玉多数、ガラス製小玉600以上、他丸玉類多数）

図表２−２　三種の神器発掘表（弥生時代）
（出典：石部正志ほか編著『天皇陵を発掘せよ』1993年）

副へ賜ひて詔りたまひしく、『これの鏡は、専《もは》ら我が御魂として、吾が前を拝《いつ》く如く拝き奉れ』……」（「記」）

「ここで天照大神はニニギ尊に八坂瓊曲玉及び八咫鏡、草薙剣の三種の神器を賜った」（「紀」）

そして弥生時代で三種の神器と王陵が併せて出土するのは吉武高木、三雲、須玖岡本、井原、平原である。具体的出土品例を表（図表２−２）に示す。北九州のみである。なお、仁徳天皇陵の陪塚《ばいづか》から三種の神器が出たが、古墳時代である。

四　鉄器

鉄器の普及についてその初期段階では九州から東方へ段階的に達成された。

鉄器は弥生時代を通じて圧倒的に北部九州に集中する。三世紀中頃に大和王権が誕生してもこの傾向は変わらない。

弥生時代の鉄器関係の出土について福岡県と奈良県の比較がされている（安本美典『邪馬台国と高天の原伝承』）。福岡県の出土が多い。

（出土物）	（福岡県）	（奈良県）
鉄鏃	三九八個	四個
鉄刀	十七本	〇本
素環頭大刀《すかんとうのたち》鉄剣	十六本	〇本
鉄剣	四十六本	一本
鉄矛	七本	〇本
鉄戈	十六本	〇本
素環頭刀子《すかんとうのとうす》	二一〇個	〇本
（参考）十種の魏普鏡	三十七面	二面

五　絹

神話でふれている部分として

図表２－３　北部九州、絹の出土分布図

● 弥生前期

①福岡市早良区有田遺跡（前期末）

● 弥生中期

②福岡市西区吉武《よしたけ》高木遺跡
（中期初頭）

③福岡市博多区比恵《ひえ》遺跡
（中期前半）

④福岡県朝倉市栗山遺跡
（中期前半および後半）

⑤佐賀県神崎市神埼町朝日北遺跡
（中期中葉）

⑥福岡県飯塚市立岩《たていわ》遺跡
（中期後半）

⑦福岡県春日市門田《もんでん》遺跡
（中期後半）

⑧福岡県春日市須玖《すぐ》 岡本遺跡
（中期後半）

⑨福岡県太宰府市吉ヶ浦遺跡
（中期後半）

⑩福岡市西区樋《ひ》渡《わたし》遺跡（中期後半）

● 弥生後期

⑪福岡県朝倉市栗山遺跡
（後期初頭）

⑫福岡市西区宮の前遺跡
（後期終末）

⑬福岡市東区唐《とう》の原《はる》遺跡
（後期終末～古墳前期）

⑭長崎県島原市三会村（中期後半）

資料：布目順郎『絹の東伝』
出典：古田武彦著『日本古代新史』（2000年）

「殺さえし神の身に生れる物は、頭に蚕生り……」(「記」)。

弥生時代に限ると絹の出土は福岡、佐賀、長崎の三県に集中し、四世紀に入ると奈良や京都に出土している。出土分布図(図表2－3)を引用する。

絹の出土について次がある。

●弥生時代の絹織物の出土は北部九州に限られる。おそらく成立した王権が絹の技術がもれないようにきびしく規制していた

●奈良県やその周辺に出土するのは古墳時代に入ってからである。出土例を示す

カジヤ古墳(京都府京丹後市)

天神山古墳(奈良県天理市)

広峯十五号墳(京都府福知山市)

桜井茶臼山古墳(奈良県桜井市)

垣内《かいち》古墳(京都府南丹市)

●弥生時代から古墳前期における出土県として福岡県、佐賀県、長崎県、熊本県、島根県、京都府、奈良県、富山県、石川県であり、福岡県の出土が圧倒的に多い

近畿の出土は古墳前期以後である。

六　中国史料

神代の拠点地が北九州とする。『新唐書』（日本伝）では、筑紫にあったとする。「その王の姓は阿毎である。みずから言う、初王は天の御中主と号す。彦瀲にいたる、およそ三十二世、みな尊をもって号となし、筑紫城にいる、彦瀲の子、神武立ちさらに天皇をもって号となし、徒りて大和州に治す…」

加えて、日本は古の倭奴であり、新羅の東南にあたる島であり、京師から一万四千里とする。

三章　邪馬台国

一　中国史料からの倭

『山海経』（周の戦国時代の地理書）は記す。

「蓋国は鉅燕の南、倭の北に在り、倭は燕に属す」

蓋国はピョンヤン付近なので朝鮮半島南部に倭人がいた。

『漢書』（漢の時代の歴史書）はのべる。

「夫れ楽浪の海中に倭人が住んでいて、分かれて百余国をつくり、毎年使者を送り献見しているとのことである」

楽浪郡の海中（九州）にも倭人がいた。『山海経』の記事と併せて半島の南および九州に倭人がいた。

「倭は韓の東南大海の中にあり。山島に依りて居をなす、凡そ百余国あり。武帝、朝鮮を滅ぼしてより、使訳漢に通ずる者、三十許国なり」（『後漢書』）

紀元前後に九州に倭人がいた。東南の山島によるとするので九州とみられる。当時、本州の切断は不確実であり、「韓の東南大海にあり。山島……」とするから近畿でない。

続いて『後漢書』はのべる。

「建武中元二年、倭の奴国、奉賀朝貢す。使人自ら太夫と称す。倭国の極南界なり。光武、賜ふに印授を以てす」

建武中元二年は西暦五七年とみられる。

この金印について一七八四年に福岡県志賀島から発見され、『後漢書』の記録に合致する。金印の印文に「漢委奴国王」とあり具体的には

漢委奴
国王

とある。読み方として二つが考えうる。

● 委をまかせた、又は穏やかととり、奴国ととる。具体的に「倭人伝」に「奴国」がある。漢のことを委かされた奴国である

● 「委奴国」ととる。読み方は「イド」である。伊都国があり、「奴」をドとするのは匈奴《きようど》がある。伊都国は古くから「怡土郡」（イド郡）であり、イド国には「世々王あり」として一

大率が置かれた特別の国であり、伊都国の遺跡は王陵があり、鏡、玉、刀が出土している。直径四六センチある鏡も四面出土している。国産とみられ、大きな経済力を示す

続いて『後漢書』は記す。

「安帝の永初元（一〇七）年、倭の国王帥升等、生口百六十人を献じ、請見を願う」

さらに「倭人伝」は記す。

「倭人は帯方の東南大海の中にあり、山島に依りて国邑をなす」

とする。帯方からの東南海として山島とするから九州である。さらに「韓伝」は書く。

「（韓地）南、倭と接す、東西海を以て限りとなし、南、倭と接す」

「東西、海を以て限りとなし、南、倭と接す」

ここまでの部分で倭国、倭人は九州および朝鮮半島南部にあった。後世の『旧唐書』も京師の一万四千里、新羅の東南、山島によるとする。

二　邪馬台国の所在地

邪馬台（壱）国の所在地については「倭人伝」にふれられている。そこでの主要な国などとして、帯方郡、狗邪韓国、対馬国、一支国、末盧国、伊都国、不弥国、邪馬台（壱）国などである。旅程についての部分を抽出する。

「倭人在帯方東南大海之中、依山島為国邑」

（倭人は帯方郡の東南海にあり、山や島によって国や村をなす）

「従郡至倭、循海岸水行、歴韓国、乍南乍東、到其北岸狗邪韓国七千余里」

（〔帯方郡より倭に行くには〕倭の北岸にある狗邪韓国に到着する。七千余里である）

「始度一海千余里、至対馬国……方可四百余里」

（一海を渡ること千余里で対馬国に到着する……方四百里ばかり）

「又南渡一海千余里　至一支（大）国……方可三百里」

（南に一海を渡ること、千余里で一支国に到着する……方三百里ばかり）

「又渡一海千余里、至末盧国」

（また一海を渡ること、千余里で末盧国に到着する）

「東南陸行五百里、到伊都国」

（そこから東南に陸行すること五百里で伊都国に到着する）

「東南至奴国百里」

（東南奴国までは百里）

「東行至不弥国百里」

（東不弥国に百里で到着する）

「南至邪馬台国、女王之所都、水行十日、陸行一月」

邪馬台国への行程略表

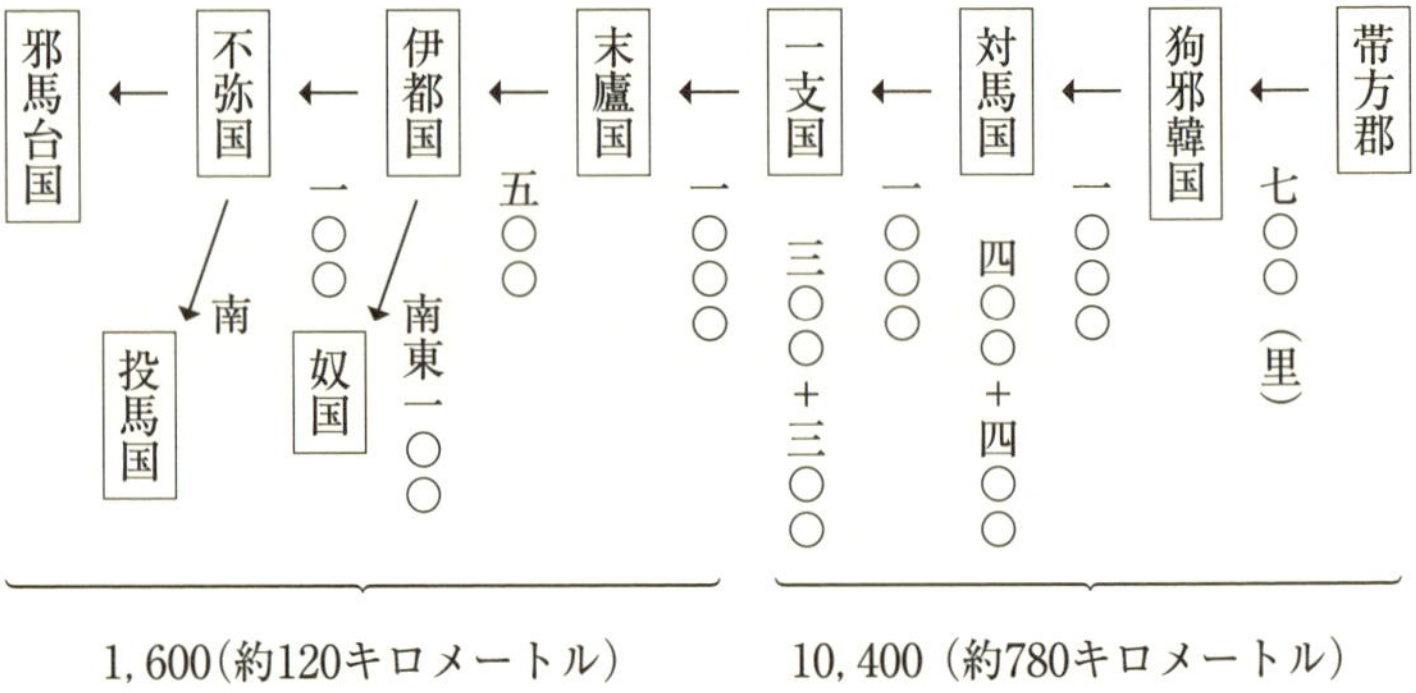

総行程　12,000里（約900キロメートル）
水行10日、陸行１月

注１：「水行20日」は不弥国→投馬国の傍線行程
注２：１里の長さについて、「三国志・韓伝」によると韓地は「方四千余里可」とされ、300キロメートルを4000で除すと１里は75メートルとなる
注３：「周髀算経」（周代）によると１里＝76～77メートル

（南には邪馬台国があり、水行十日、陸行一月で、女王の都する所である）
「自郡至女王国万二千余里」
（郡から女王国まで一万二千余里である）

古田武彦氏によって里程が整理されている（『日本古代新史』など）。

- 「～里」のものが部分里程である
- 水行十日、陸行一月は総行程である
- 水行二十日は不弥国と投馬国の行程である。「南至投馬国水行二十日」とある
- 伊都国～奴国間の百里は総行程に含まれない。動詞「行」がなく「東南至奴国百里」と書かれていて、傍線行程である
- 対馬国、一支国では「方可～」とあるので里程は二倍する

こうして上記の行程略表が得られる。

一里の長さについては当時の魏の里は短里とされ『三国志』の全ての使用例から約七五メートルとされる。例として伊都国（福岡県糸島市）と末盧国（佐賀県唐津市）の距離は約三万二〇〇〇メートルであり五〇〇で除すと約六四メートルとなる。壱岐島の一辺二万メートルを三〇〇で除すと約六六メートルとなる。

ここでは一里＝七五メートルとする。

帯方郡から邪馬台国への距離をみる。

〇・〇七五キロメートル × 一二〇〇〇＝九〇〇〇キロメートル

方向について帯方郡から東南の山島とされ距離についてもほぼ妥当な長さである。

「一大率」の置かれた国は伊都国であり、伊都国は旧前原市（現福岡県糸島市）周辺であり、その南方に邪馬台国があった。伊都国には平原遺跡がある。

邪馬台国とその近くの国として次が推定できる。

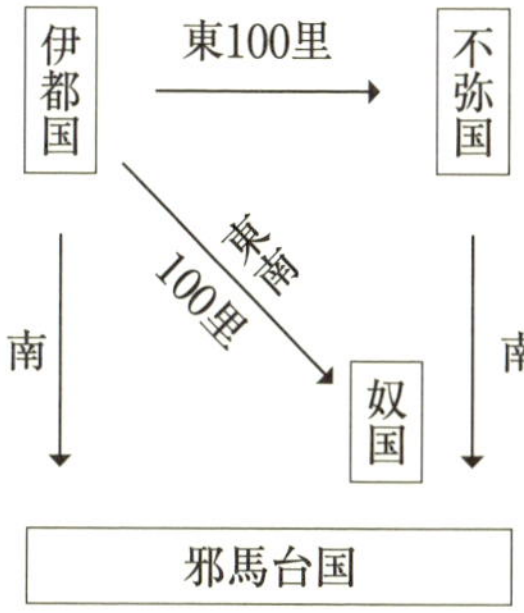

注１：邪馬台国は戸数七万とされ、伊都国の南方にあった大国
注２：周辺の国として二十九国全部で三十国となる
注３：これらの南に狗奴国があり、女王に服属していない

これと現在の地理を対応させると、そ

の位置として
①室見川、那珂川、御笠川の流域。
②佐田川、小石原川および田手川の近くで東西に大きく広がっていた。

三　地名からの比定地

「倭人伝」での国の比定地として遺跡と音から次が比定できる。旅程も妥当である。

対馬国　対馬
一支国　壱岐
末盧国　松浦周辺（佐賀県唐津市付近）
伊都国　旧前原市周辺（福岡県糸島市）
奴国　　福岡県福岡市および春日市周辺
不弥国　福岡県宇美町周辺

四　事物

事物から北九州所在が検証できる。

①絹
●絹を産する
●蚕桑をうえ、つむぎ、細紵縑綿を出す
●倭錦、絳青縑（赤青色の絹布）を上献
●異文雑錦、二十匹貢した
弥生時代に限ると、絹は北九州に限定される。ほとんど全てが福岡、佐賀、長崎県に出土。
②鉄器
●鉄の鏃《やじり》を使う
鉄器の出土について奈良と比べると北九州が圧倒的である。
③矛、刀、剣
●兵器には矛、楯、木弓を用いる
●五尺刀二刀をたまう
●倭王に任命し、刀をたまう
福岡県の出土は奈良県に比べてきわめて多い。五つの遺跡が確認できる。
④鏡
●銅鏡百枚をたまう
●詔をもたらし鏡をたまう

魏からの鏡について漢式鏡や十種の魏普鏡であり、福岡県の出土が多い。三角線神獣鏡は古墳時代のもので約二三センチメートルと大きく国産であり、魏からのものでない。出土数も五百枚以上ある。中国からは出土していない。

⑤勾玉、玉

- 真珠、青玉を産する
- 真珠、鉛丹おのおの五千斤をたまう
- 白珠五千孔、青大勾珠二枚を貢した

福岡県の古墳から確認でき、その出土は奈良県より多い。また真珠、青玉を産するため近くに海があることを示す。

⑥稲作

- 良田はない
- 禾稲《かとう》を植えている

具体的遺跡として菜畑遺跡、板付遺跡、須玖岡本遺跡、吉野ヶ里遺跡、平塚川添遺跡などがある。箸墓古墳は四世紀の古墳時代のものであり、関連の地名や事物がなく、卑弥呼についてのものではない。

⑦宮殿、物見櫓《やぐら》、城柵

吉野ヶ里遺跡、平塚川添遺跡で確認できる。

⑧戸数七万戸

これだけの人口の維持には豊かな平野が必要だが、北九州にそれが確認できる。

二、三世紀の奈良平野をみると中央部に氾濫平野があり、扇状地での水田確保についてはため池を要し、棚田はきわめて多い。全体可耕面積についても北九州に及ばない。

北九州の場合、川（例：田手川、小石原川、御笠川など）が短く小さいが、水利が安定し、簡単な施設で導水でき、ため池も少ない。

平塚・川添遺跡。約300軒住居跡があり、その周囲を河川を利用した環濠が囲んでいる

鉄について弥生時代の中期、後期の鉄器出土数が分析されている。（奥野正男『邪馬台国はここだ』）九州の出土が多い。

		（九州）	（近畿）
中期	鉄製武器及び鉄器	一三九	六
後期	鉄器	五二四	七十三
	（計）	六六三	七十九

鉄器の導入について朝鮮半島に近く、時期も早い。原生林の伐採、根の掘り起こし、耕地の取得について鉄器は大

きな力を示した。その生産力は王国の形成に大きな力を示した。
武力としても利用され王国の形成に役立った。
伝来は中国→朝鮮→九州→大和である。

〈吉野ヶ里遺跡〉佐賀県
吉野ヶ里遺跡をみる。邪馬台国と確定しないが、記事に似た施設や出土物がある。なお、平塚川添遺跡（福岡県朝倉市）も類似したものがある。
- 地理的に「倭人伝」の記事に一致する
北の伊都国に一大率を置いたとするが、北方に伊都国（比定地）がある
- 周囲に環濠をめぐらした丘陵上にある。城柵や祭殿も発掘されている巨大な環濠集落である
- 手工業生産について青銅器、ガラス製品、絹織物、玉などが出土している
- 吉野ヶ里集落を拠点とする地域の集落群の中から首長が選出され、死後は自分の村の墳墓に鏡や刀をそえて葬られたとみられるが、まわりの遺跡（千塔山、町南、惣座遺跡）からそれが推定できる。墳丘墓から甕棺《かめかん》、銅剣、鏡、玉などが出土
- 政事、祭事中枢の祭殿や戦略拠点としての物見やぐらがあり、大量物資集積の倉庫群は市の在在を示す

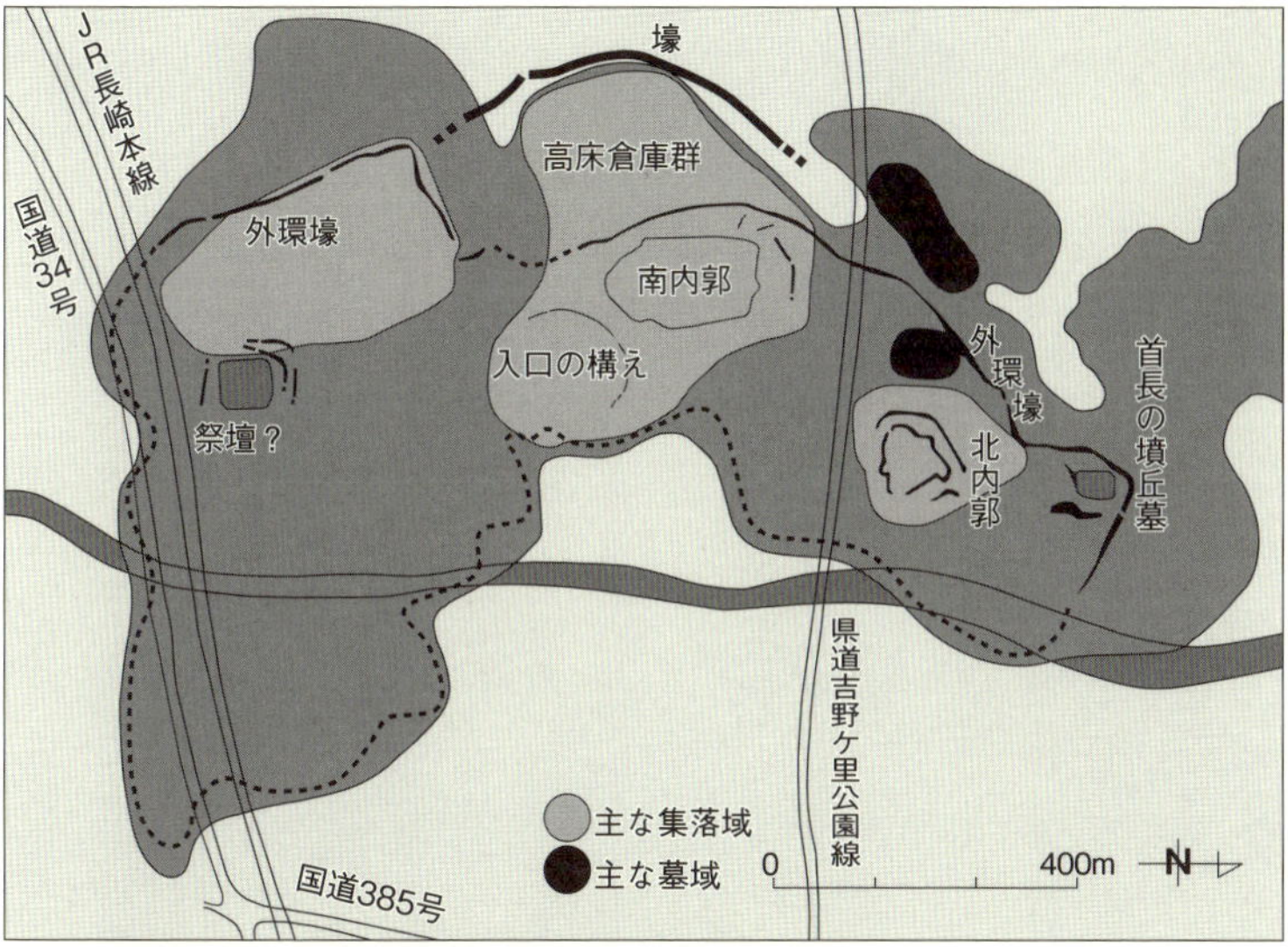

図表３－１　吉野ヶ里遺跡全体図［弥生時代後期］
（国営海の中道海浜公園事務所所有）

●中国来の遺物として鉄製刀子、鉄斧、漢式鏡がみられる

●農業生産の適地で一部鉄製の鍬、鋤、鎌などが出土。木製農具として鍬、田の土を平にならすエブリ、キネ、ウスなどが出土

●時代毎の推移を示す

前期：小規模な環濠集落が丘陵南端に形成され、二〇万平方メートル規模の環濠集落に発展する

中期：北の部分に多数の甕棺墓が形成され、六〇〇平方メートルに及ぶ甕棺の列状墓地や大規模な墳丘墓ができ、階層分化と王権確立が推定できる。墳丘墓には十四墓の甕棺墓が出土し、銅剣、管玉が出土

後期：北方へと規模を拡大した。ついには四〇万平方メートルほどの環濠集落

となった。物見やぐらを備え、高床式倉庫群もある。工房、祭祀、交易、居住の施設があった

- 地形的には広大な平野にあり、すぐ脇には田手川が流れ、海を経由して大陸との交易も容易であった
- ムラからクニへの中核集落の過程を示している
- 別紙（図表3―1）に全体図を示す
- 平塚川添遺跡（朝倉市）は弥生時代の環濠集落で物見やぐらがあり、鉄剣、鉄刀、鉄矛が出土している。銅鏡、玉類も出土。柵列もあった

五　邪馬台国の実態

生活

人々は稲、麻を植え、桑、蚕で紡績し、絹織物、麻織物を産した。対馬国では海産物で生活している。牛、馬はおらず、兵器には矛、楯、木弓を用い、竹の矢には鉄鏃や骨鏃を用いる。倭の地では真珠、青玉を産する。

通常の行事や旅行に際して骨を焼いて吉凶を占う。

身分の差別は守られ、秩序正しく、租税、賦役を収め、そのための建物が建てられ、物資を交易する市があり、大倭に命じてこれを監察させている。

女王国以北には、とくに一大率をおいて諸国を検察させている。一大率はつねに伊都国に置かれた。

約600年続いた弥生時代の全ての時期の遺構・遺物が確認できるうえ、「倭人伝」の記述との類似点も多い。現在は吉野ヶ里歴史公園として整備されている

交易が相当発達していた。対馬、壱岐では船に乗り、南や北に交易している。貨泉が半島南部の金海貝塚や対馬シゲノダン遺跡、壱岐原ノ辻遺跡、糸島の旧志摩町（福岡県糸島市）などで発見されている。

社会構成を示すものを抽出する。

- 身分の低い村民が支配層の人と道で会うと、うずくまり、ひざまつく
- 支配身分の人に尊敬を示す作法はただ拍手をして中国の跪拝の礼にあてている
- 倭王……生口を上献す
- 「卑弥呼以て死す。大いに塚を作る。径百余歩、殉葬する者、奴婢百余人」（「倭人伝」）

これらから、当時、大人、下戸、生口、奴婢の階級が

あった。大人を構成するものとして①女王、その男弟、②大倭、一大率、大夫ら官人、③属国の王と官吏、④宗族の首長、⑤支配宗族の構成員などが推定される。

卑弥呼女王

「邪馬台国はもとは男子を王としたが、七、八十年ほど前、倭国が乱れ、何年も互いに攻め合ったので、諸国が合議して、共に一女子を立てて王とした。これを卑弥呼という。彼女は神がかりとなり、おそるべき霊力を現した。すでに年をとってからも夫をもたず弟が一人いて政治を補佐した。王となってから彼女を見たものは少なく、婢千人をその身辺に侍らせ、ただ一人の男子が飲食を給し、女王のことばを伝えるのに居処に出入した。宮殿、物見楼、城柵などが厳重に設けられ、常に兵器を持った人々がこれを守衛した」(「倭人伝」)

「その後、卑弥呼は死んだ。大いに塚を作り、その径は百余歩、殉葬された奴婢は百余人であった。倭では女王の死後、男子を立てたが、国中が服従せず、互いに殺し合い、このとき千余人が殺されたという。そこで、卑弥呼の宗女で年十三の壱与を立てて王とし、国中はようやく収まった」(「倭人伝」)

『後漢書』(倭伝)は倭国戦乱の時期を桓霊の間とし、一四七～一八八年頃となり、「倭人伝」では倭国乱れ、相攻伐すること七、八十年とする。

北九州において諸国の戦乱が続き、その戦乱を収めるため卑弥呼を立てた。

卑弥呼は王として共立されてから宗教権力と世俗権力を一身に集めて神権政治をした。また、卑弥呼が鬼道につかえたともし、神がかりの神託を下した。

弥生時代の遺跡から出土する鏡や剣は太陽を祀る祭器とみられるので、卑弥呼は太陽神に仕えていたとみる。

外交

女王を魏は厚遇した。それは魏の対呉戦略の一貫であった。魏は呉、蜀と激しく対立していたからである。

景初三（二三九）年、太夫難升米《なしめ》を帯方郡に遣わし、魏の天子に朝献したいとした。使いを洛陽に至らしめ、魏は「親魏倭王」の命名を下した。

正始元（二四〇）年、使者が洛陽に派遣され、倭王に金帛、刀、鏡、采物を贈った。

正始四（二四三）年、八人の使者を遣わした。倭の使者の難升米に黄色の軍旗を与えた。

正始八（二四七）年、狗奴国との激しい戦乱を報告している。

女王は海外状勢に敏感であっただけでなく、新たに中国王朝の冊封体制に加わり、その承認と保護を得て、自己の権威を高めた。中でも、魏の明帝は「親魏倭王となし、金印紫綬を仮した」とする。

四章　神武東征

一　地名からの民族移動

九州と近畿では類似な地名が多い。表（図表4－1）を示す。九州から近畿への民族移動があったからである。

北九州には山門（福岡県）や大和があり、近畿にも大和がある。筑紫に三輪があり、奈良にも三輪がある。福岡の美輪町には三輪神社があり、祭神は大己貴神と天照大御神であり、大和にも三輪神社があり、神体は山であり、祭神は大国主神である。

さらに九州から近畿への民族移動を示すものとして類似な地名を示した表（図表4－2、3、4）を示す。

ニギハヤヒは「紀」から天磐舟により天降ったとするので、神武の東征以前に近畿に進出したとみられる。供奉した氏族には三十四あり、そのうち九州からとみられるものが多い。河内の国の河上の哮峰に天下り、河内の交野市に磐舟の地がある。
同様な人々の近畿への進出があった。その一つが神武たちである。

	九州		近畿	
	旧名	現名	旧名	現名
1	山門	山門郡	耶摩止	大和
2	志賀	志賀島	滋賀	滋賀郡
3	耳納	耳納山	三野	美濃
4	日田	日田	飛彈	飛彈
5	熊	球磨川	熊野	熊野
6	基肄	三養基郡	紀伊	紀伊
7	志摩	糸島郡	志摩	志摩
8	怡土	怡土村	伊蘇	伊勢
9	儺	博多	灘	灘地方
10	吾田	阿多（薩摩）	阿太 安田	大阿太村（大和） 有田（紀伊）
			五十鈴川	五十鈴川

図表４－１　九州と近畿の似た地名
（出典：安本美典『邪馬台国と高天の原伝承』2004年）

二　神武の実在と動向

神社

北九州には神武一族の伝承を示す神社が多い。（内倉武久『卑弥呼と神武が明かす古代』）神武の進発地は筑紫の日向である。

高祖《たかす》神社（背振山地）ニニギ、ヒコホデミ、タマヨリ（神武の母）を祀っている

可也《かや》神社（福岡県糸島市）神武を祀る

九州	石原　高樋　平田　大木　井上　東田　太田　一木　大福　常盤　巨勢川　白川　白木　桜井　吉井　川原　吉田　以真恵
大和	石原田高樋　平田　大木　井上　東田　太田　櫟木　大福　常盤　巨勢　白河　白木　桜井　吉井　川原　吉田　今井
九州	奈良　田中　長安寺　蔵谷　武蔵　鏡　中　日隈　筑紫　永岡　杉馬場　古飯　城山　遠市　千代丸　山口　和田　佐田
大和	奈良　田中　長安寺　車谷　武蔵　鏡作　那珂　桧前　筑紫　長岡　杉布留　箕山　十市　千代　山口　和田　佐太
九州	八丁島　二嶋　広瀬　長田　才ノ木　天山　谷　中原　栗田　幡崎　赤川　八軒屋　久保　仁王丸　福童　弥永　稚児志
大和	八条　二島　広瀬　池田　佐井　天山　谷　中町　黒田　八田　赤瀬　八軒屋　多　仁王堂　福知堂　柳本　馳向
九州	小鹿田　女谷　杷木　余名持　古毛　千足　室ヶ谷　稗田　桜林　錫野　田屋　馬市　乙隈　山家　屋敷　坂井
大和	小鹿野　女寄　八木　吉隠　隠国　千足　室生　稗田　桜橋　錫原　田町　馬司　乙木　山町　出屋敷　田井
九州	阿志岐野　頓田　豊田　穴尾　石動　津毛　佐保
大和	安騎野　屯田　豊田　穴師　石成　都介　佐保

図表４－２　奥野正男氏による奈良地名と一致する九州朝倉地方の地名
（安本美典氏の指摘する14カ所を除く。『邪馬台国の東遷』より）
（以下、図表４－２～４まで富田徹郎『卑弥呼の幻像』より引用）

九州夜須町	二輪　雲堤　筑前高田　小田　二井　池田　平群郷　住吉墨江神社　那の津　草ヶ江　御笠山　春日　笠置山
大和郷	二輪山　雲梯　大和高田　織田　二井　池田　平群郷　住吉墨江神社　難波津　日下　二笠山　春日　笠置
九州夜須町	田原　山田市　上山田　鳥屋山　玖珠　天瀬　鷹取山　香山　三潴　久留米　朝倉　加美　長谷山
大和郷	田原　山田　上山田　鳥見山　国樔　天ヶ瀬　高取山　天の香山　水間　久米　朝倉　賀美　長谷山

図表４－３　安本美典氏による地名・包囲が一致する26カ所
（『邪馬台国論争に決着がついた』より）

北九州	飯田　福童　端間　古飯　下高橋　平田　春日　富多　栗田　石原東田　千代丸　三輪町　奈良
奈良	飯高　福知道　味間　布留　高橋　平田　春日　富多　黒田　石原田　東田　千代　三輪山　奈良

図表４－４　北九州と奈良の類似地名

飯石《いいいし》神社（福岡県福岡市）ミケイリヌ（兄）を祀る
産宮《さんのみや》神社（福岡県糸島市）ナルタ姫（姉）を祀る
細石神社（同右）コノハナサクヤ（妻）、ウガヤフキアエズ（父）を祀る
志登神社（同右）ウガヤフキアエズの母の豊玉姫を祀る

これ以外にも次の伝説や地名がある。

- 福岡県に高祖山、クシフル峯、日向が確認できる。糸島の可也山に神武の幼児伝承がある
- 前原付近には天降神社（祭神＝ニニギノミコト）が十社ある（灰塚照明「福岡県の天降神社と日の本」『邪馬台国徹底論争』第二巻）。そのほかにも天降神社として田川郡一、宗像郡三、嘉穂郡二、粕屋郡一、計七社ある
- イザナキの禊についての「筑紫の日向の小戸の橘の檍康」は日向の近くの海岸ととれる
- ヒコホホデミの陵は高千穂の山の西とし、ウガヤフキアエズは西州の宮で亡くなり、日向の吾平山上に葬ったとする
- シオツチにからむ塩土神社（糸島市）がある

動機

「記紀」は記す。

「しかし、遠い所の国では、まだ天の恵みが及ばず、村々にはそれぞれの長があって境を設け相争っている。塩土の翁に聞くと『東の方に良い土地があり、青い山が取り巻いている。その中へ天の磐舟に乗ってとび降ってきた者がある』と。思うにその土地は大業をひろめ天下を治めるによいであろう。そこにいって都をつくるにかぎる」（「紀」）

「神倭伊波礼毘古命、其の同母兄《いろせ》五瀬命と二柱、高千穂の宮に坐して議りて云りたまいひけらく、『何地に坐さば、平らけく天の下の政を聞こしめさむと。なお、東に行かむ。』とのりたまひて、すなはち日向より発たして筑紫に幸行でましき」（「記」）

九州で志を得なかった神武たちは東方を目ざした。出発時、王でなく、武人であった。出発地は日向であり、福岡県（糸島）である。

身分

「記紀」の神話において三種の神器が王の身分を示すものとわかる。

「高皇産霊尊……天八重雲を排し分け、以て之を降し奉る。時に大伴の連の遠祖、天忍日命、来目部の遠祖、天槵津大来目をひきい、背には天磐靫を負い、ひじにはいつの高鞆をつけ、手には天梔弓、天羽羽矢を捉り、八目かぶらをとりそえ、又頭槌剣を帯きて、天孫の前に立ちて遊行き降来りて、日向の襲の高千穂の槵日の二上峰の天の浮橋に到りて……」(「紀」)

天羽羽矢や歩靫に似たものを持ち、王を補佐している者がある。

ナガスネヒコはニギハヤヒを敬い、そのしるしとして天羽羽矢と歩靫を神武に示した。神武も同様なものを持っていてそれを示したとする。神武は武人の家柄であったことを示す。そして地域の住民を征服して王についているから、九州からの東征時王ではなかったことも明らかである。

「畝傍の橿原に御殿の柱を大地の底にしっかりと立てて……初めて天下を治められた天皇と申し、名づけて神日本磐余彦火火出見天皇という」(「紀」)

「記紀」ではニニギは王ととれ、その王の子孫が王に即位した。即位前は武人であり、そこでの天下は大和の一部を指す。王権は分家筋にあたる。

活動年代

二十一代雄略天皇の即位年を「紀」より、四五六年として、第六章で示すように一人の王の平均在位年数を十年とすると、

四五六−(一〇×二〇)=二五六年

神武の活動年を三世紀中期と推定できる。

別の考え方として次がある（内倉武久『卑弥呼と神武が明かす古代』）。

『後漢書』によると「安帝の永初元（一〇七）年、倭国王帥升等、生口百六十人を献じ見まえるを請い願う。恒霊の間（一四七〜一八八年）倭国大乱、互いに攻伐すること歴年主無し。一女子、名を卑弥呼という」。

「倭人伝」では「その国、本また男子をもって王となし、住《とど》まること七、八十年。倭国乱れ、相攻伐すること歴年、乃《すなわ》ち共に女子を立てて王となす。名づけて卑弥呼という」。

この争いを二世紀中頃とみて、神武との戦乱を含み、神武は東征したとする。

しかし、いずれも確定したものでない。

東征時の地名

移動にあたって大和に入ってからの伝承は物語性が高いが、地名そのものは事実に即しているととれる。主な地名を示す。

高千穂宮、日向、筑紫、豊国、宇沙、竺紫、岡田宮、阿岐国、多邪里宮、吉備、高島宮、速吸門、白肩津、登見、循津、日下、紀国、亀山、熊野、吉野川、宇陀、忍坂、大室、久米、伊勢、伊那佐、畝火、美和（「記」）

日向国、速吸門、筑紫国、宇佐、岡水門、安芸国、吉備国、高島宮、難波崎、浪速国、浪花、河内国、草香村、白肩津、竜田、生駒山、孔舎衛、茅渟、山城水門、亀山、紀国、佐野、熊野、荒坂、宇陀、吉野、高倉山、国見山、香具山、磯城、葛城、丹生、伊勢、忍坂、鳥見、埴安、橿原、腋上、榛原（「紀」）

そして、これらの大部分が比定できる。

日下の循津

神武たちは大阪湾に進入し、日下の循津でナガスネヒコの軍勢とたたかった。

「ここに御船に入れたる循を取りて下り立ちたまひき。故、其地を号《なづ》けて循津と謂ひき」（「記」）

現在は陸地でいけないが、当時（一八〇〇～一六〇〇年前頃）では大和川の下流に河内湖があり、日下や循津は湖のへりにあり、船で入ることができる。さらに、南方を経て大阪湾に脱出しているが、南方も湖の入口にあり、船でいくことができる。神武の船の航路が当時の地形を正しく反映しており、神武は実在である。なお、大和川沿いに行くことはできなかった。

銅鐸と銅剣の文化圏

弥生時代中期の出雲や近畿では、銅鐸が祭器として重要視されていたが、「記紀」ではふれておらず、三種の神器や銅剣、銅鉾が頻出する。これは神武らが東征して地域住民を征服し、祭器を改めたとすれば説明できる。銅鐸については地中に埋没されたり、山腹の傾斜地に捨てられたようにされて発見される。北九州の侵略者が先住民の祭器を打ち捨てたととれる。

次の事実が推定できる。

- 銅鐸は二～三世紀頃の弥生時代に主として近畿圏で盛大となり、それは突然なくなり、「記紀」にも出てこない。西方の銅剣圏にいた神武たちが西方から侵入して廃棄した
- 古くから玉、剣、鏡は王権のシンボルとされ、北九州の王陵から出土している。仁徳天皇陵の陪塚でもそれがみられるのは、九州から近畿へと進出したからである
- 三世紀末又は四世紀に入って古墳文化が畿内に大きく発展する。北九州↓近畿への民族の移動があった
- 淡路島以西では不戦で、神武は西の文化圏にいた

陵

神武陵について

畝火山の北の方の白檮の尾の上（「記」）

畝火山東北陵（「紀」）

と明記している。

壬申の乱（六七二年）では「神日本磐余彦の陵に馬及び種種の兵器を奉れ」（「紀」）とする。

神武陵の実在を示す。

活動領域

即位後の活動領域として「紀」から
神武――橿原、畝火、葛城、榛原、掖上
綏靖――片丘、大室、葛城、畝火山
安寧――桃花鳥丘、片塩
懿徳――畝火山、井上陵、軽の地
孝昭――畝火山、掖上
併せて「紀」による拠点地と陵所在地（推定）として
神武　畝火の橿原宮　畝火山の東北の陵
綏靖　葛城の高丘宮　桃花鳥田丘上陵
安寧　片塩の浮穴宮　畝火山の御陰井上陵
懿徳　軽の曲峡宮　　畝火山南まさご谷上
孝昭　掖上の池心宮　掖上の博多山上陵
活動域や拠点地は橿原を中心とする現在の奈良市南部の領域にすぎない。この領域は当時の邪馬台国連合の大きさを上回るものでない。また、半島や大陸との通商を示すものがなく、具体的な政治経済制度を示していない。神武たちは東征して大和の一部に王国を作った。
その活動領域は邪馬台国の領域を超えるものでない。

三　東征の実態

東征

- 筑紫の高千穂宮で兄の五瀬命に相談した。その時の身分は王でなく、武人である
- 東方への新天地を求めた
- 北部九州や瀬戸内海北岸の豪族の援助を求めた。岡田宮、多祁理宮、高島宮に滞在した。同一文化圏にいた
- 進出してから王についているから、国全体の東遷ではない。それをのべる史料もない
- 武力で大和地域に侵略していった
- 具体的な政治経済制度をのべていない。全国統一も示さない

近畿での動向

抵抗した又は支配した民族名をみてみる。

●ナガスネヒコと戦った
●名草邑で名草戸畔の女賊を誅した
●新城戸畔の女賊を討った
●エウカシを殺した
●国見岳で八十建を討った
●オトカシを殺した
●再度ナガスネヒコと戦い勝った
●三カ所の土賊を殺した
●高尾張邑で土ぐも族を殺した。

こうして即位した。

「故、かく荒ぶる神等を言向け平和《やは》し、伏《まつろ》はぬ人等を退け撥《はら》ひて、畝火の白檮原宮に坐しまして、天の下治らしめしき」(「記」)

この東征の実態をまとめる。

●国全体の東遷でなく、東征時武人の身分で北九州で志を得なかった。王でない者の東征が東遷にならない。東征後に国がなくなることもない
●徹底した武力と戦争によって先住民族を滅ぼし、武力で侵略していった

●成立した国は、当時北九州にあった邪馬台国連合を上回るものでない。国の数三十国や人口七万を超えるものでなく、大和における地方政権である
●具体的な政治経済制度や外国との通商を行っていない
●神武から九代の開化までの都と陵の所在地をみても葛城郡、高市《たかいち》郡、磯城《しき》郡、旧添上《そえかみ》郡など奈良市南部の狭い領域にある。

大和に地方政権が成立した。したがって、当時二つの王国があった。その二つの国の通商や統合を示すものはない。

東征の時期を一、二世紀としてもほぼ同様である。

ここで、奈良の箸墓古墳（前方後円墳、長さ約二八〇メートル）をみる。四世紀中頃の築造である。理由としては、崇神陵と同じ時期であり、ヤマトトトヒモソヒメの陵とされ、墳形が崇神陵の前方部より発達しており、布留〇式期土器が出土し、同濠から木製の馬具（あぶみ）が出土し、ほぼ平地に造成されている。

位置として東方に三輪山、泊瀬《はっせ》山、西方に多神社、二上山があり、太陽の動きを正確に知ることができる。四世紀に進出した人々はそれまで低湿地農耕の所にかんがい農耕を持ちこんだ。あわせて、アマテラス信仰を持ち、太陽の動きを正確にとらえて、稲作の生産力を高めた。年間の降水量が少ないため、かんがいとため池を開発した。首長は次のことを実施し、それらが

結びついていた。

- 農耕（稲作）の正確な時期を示した
- かんがい水路、ため池、水田の取得
- 古墳の取得

箸墓古墳。卑弥呼の墓とする推測も出されている

これらは大和王権（崇神など）の力を高めた。

ため池造成記事を記す。

依網池	河内	崇神六十二年
苅坂池	大和	崇神六十二年
反折池	大和	崇神六十二年
高石池	河内	垂仁三十五年
茅渟池	河内	垂仁三十五年
狭城池	大和	垂仁三十五年
迹見池	大和	垂仁三十五年
坂手池	大和	景行五十七年

その後、応神になると韓人池、剣池、軽池、鹿垣池、厩坂池などが造られた。治水、かんがいが進み、水田も山ろく部

から平野部にも造られていった。生産力の高い乾田農業が実施されていった。特に大和川と淀川の下流域の開発が可能になった。

乾田では常時湛水から中干し栽培に変わり生産力が高まっていった。

五章　広開土王碑からの倭国

一　史書からの倭国、倭人

すでにみたように「倭国」、「倭人」は二、三世紀において九州および朝鮮半島南部にあった。さらに、広開土王碑（「碑」と略す）や『三国史記』（「史」と略す）から倭人の半島南部の居住が実証される（李鐘恒『韓半島からきた倭国』など）。

一九三年「倭人大いに飢え、来りて食を求める者、千余人」（「史」新羅本紀）

二三二年「倭人、にわかに至り、金城を囲めば王親しく出でて戦ふ。賊、潰走す。軽騎をして之を追撃せしむ。殺獲一千余級」（「史」新羅本紀）

三四六年「倭兵にわかに風島に至る。辺戸を抄掠し、また進んで金城を囲み、急攻す。王出兵して相戦はんと欲す」（「史」新羅本紀）

三九三年「倭人来りて金城を囲む。五日解かず、将士出でて戦はんことを請う。王曰く、

『今、賊舟を棄て深く入って死地に在り。鋒当たる可からず』と。乃ち城門を閉ず。賊功無くして退く」（「史」新羅本紀）

四四四年　「倭兵金城を囲む。十日糧尽きて乃ち帰る」（「史」新羅本紀）

これらの史料も倭国又は倭人の所在地は半島南部および九州を示す。

二　広開土王碑からの倭国の通説

「碑」には倭国又は倭のことが八～九回のべられている。それをもとにして四～五世紀初にかけての朝鮮半島での倭は近畿王権が出兵したものであり、併せて全国統一をのべる通説がある。その骨子を示す。

- 百済、加耶諸国と連動して新羅を侵略し、高句麗をして大勢の兵を出動させており、その出動回数も多い
- その倭は近畿王権と不可分な関係にある
- 倭の軍勢は、列島の心蔵部となった大和河内の有力首長層を代表する倭王の最高軍事指導のもと、倭王と関係を結ぶ各地の首長層が配下を動員して編成した軍隊を主力とする
- 半島まで軍を派遣しているので、近畿王権がほぼ全国を統一していた

この説を検討しつつ「碑」などに現れた倭の主体を明らかにする。

三　四世紀末～五世紀初の半島状勢

ここでは、次の本を参考にした。沈仁安『中国からみた日本の古代』、李鐘恒『韓半島からきた倭国』、藤田友治『好太王碑論争の解明』、藤田友治ほか『ゼロからの古代史事典』など。

当時の半島の覇権争いは主に高句麗と百済との間でなされていた。

三九二年　広開土王は連続して百済の十余城をおとした。この戦争を契機に高句麗と百済の戦争は高句麗の有利な方向へ展開した。

三九六年　広開土王は百済を討伐し、五十八城を攻め落とした。

当時の倭の動きは小さい。

三九一年

「百残新羅旧是属民由来朝貢而倭以辛卯年来渡海破百残□□新羅以為臣民」（「碑」）

（百済と新羅はもと属民であり、そこで従来から朝貢していた。倭が辛卯年［三九一年］にやってきた。そこで［高句麗は］海を渡って百済……新羅を伐ち、臣民となした）

この文の主語は高句麗である。当時の対外戦争のあらましや好太王の戦争をたたえた碑文の性格からくる。「来」の主語は倭であり、「渡海」の主語は高句麗である。また「来渡海」の漢語はなく、「以~来」のとり方として「倭ガ辛卯の年以来来ていた」ととれない。さらに「このかた、より」の意味で使う場合、「以来」と続けて使うことは、他の文例からわかる。

この頃、倭が百済に圧力を加えていた。百済は困難な時であり、倭は百済に干渉していた。

三九一年
「那密王、即位三十六年、倭王使を遣わす。来朝して曰く『願わくは大王は一人の王子を遣わして、誠心をわが君に表したまえ』と、是において、王は第三子美海を倭につかわしむ」(『三国遺事』)

三九九年
「阿莘王六年、王、倭国と好を結び、太子の腆支を以て質と為した」(「史」)

四〇二年
「実聖尼師今元年三月、倭国と好を通じ、奈勿王の子、未斯欣を以て質となす」(「史」)

しかし、倭人の主要な侵攻先は百済でなく新羅であった。倭は新羅をおそっている。

三九二年
「奈勿尼師今三十八年、倭人来りて金城を囲む。五日になるも解かず……功無くして退く。

王、先ず勇騎二百を遣わしてその帰路をさえぎらしめ、又歩卒一千を遣わして独に追わしむ。夾撃して大いに之を破る。殺獲するもの、甚だ多し」(「史」)

倭は高句麗と百済の戦争を利用して新羅に侵攻していた。その一方で倭は百済と結んだ。

三九九年

「九年己亥百残違誓与倭通」(「碑」)

(百済は誓を違えて倭と結んだ)

「王巡下平壌、而新羅遣使白王云　倭人満其国境、潰破城池　以奴客為民　帰王請命　大王恩慈　称其中誠　特遣使還　告以密計」(「碑」)

(好太王は平壌を巡下した。新羅の派遣した使者が王に言った「倭人がその国境に満ち、城や池が破壊されて好太王の臣下である［新羅王を倭の］民となしたが、新羅王は［好太王に］帰順し、好太王の命を請いたい」と。好太王は慈悲をもって新羅王の忠誠を称讃し、とくに新羅の使者に秘密の計略を告げて還らせた)

四〇〇年

「教遣歩騎五万、往救新羅、従男居城至新羅城　倭満其中　官軍方至　倭賊退　自倭背急追至任那加羅従抜城　城即帰順　安羅人戍兵、抜新羅城　塩城　倭寇大潰　城内十九　尽拒寇倭安羅人戍兵　(欠)　残倭潰逃」(「碑」)

（［好太王は］歩兵と騎兵の五万人を派遣し新羅を救援した。男居城から新羅城に至るまで倭人がその中に満ちていた。官軍が着くと倭賊は退却しだした。倭を背後から急しく追い、任那加羅の従抜城にまで至った。この城はたちまち帰服したので［新］羅人に守備させた。新羅城と塩城を抜き、倭寇は大いに潰えた。城内の九割の［新羅人が］倭人に随うのを拒否し、［新］羅人に守備させた。残った倭人は潰え逃亡した）

倭の動きとして次がわかる。

●倭人が重点的に侵略したのは新羅であり、高句麗と百済の戦争にはほとんど介入しなかった

●城と城の間に倭人が満ちていたのは海を渡って新羅に至ったのでなく、半島の南部の倭の動きである

●倭を大和王権ととらえられない。倭は半島の南部と九州の一部の動向である

倭人と半島各国との外交関係は四〇〇年に広開土王が新羅を助け、倭賊を大いに破ったことから変化した。

倭人と高句麗との直接の軍事的対抗が始まった。倭は新羅侵攻の障害が百済でなく、高句麗であると気づいたからである。

四〇四年には、倭人は主動的に動いて高句麗の帯方郡の地方にまで侵入した。

「而倭不軌　侵入帯方界　和通残兵□石城□連船□□□　王躬率征討　従平壌□□□　鋒相遇　王幢要截盪刺　倭寇潰敗斬□無数」（「碑」）

（倭は不正にも帯方界に侵入し残［百済］の兵隊と和通して石城を［攻め］……船を連ねて……［好太］王は自ら軍を率いて討伐に行った。平壌から……先鋒隊が［敵］と相遇し［好太］王の幡の下で斬りまくり倭寇は潰え敗れた。［倭兵］は斬り殺された者無数であった）

「和通残兵」とあるので、倭と百済（残）とが連合して高句麗に進攻した。しかし「倭寇潰敗」となり、徹底的な敗戦となった。

このため、新羅と倭の関係にも変化が生じた。「史」は記す。

四〇五年　「倭兵来りて明活城を攻め、克たずして帰る」（「史」）

四〇七年　「春三月、倭人が東の辺境を侵す。夏六月、又南の辺境を侵し、百人を奪掠せり」（「史」）

四一五年　「倭と風島に戦い、之に克つ」（「史」）

その一方、百済と倭の同盟が強化された。広開土王は百済が倭と通好したため、壊滅的な打撃を与えた。

四〇七年
「十七年丁未　救遣歩騎五万、□□□□□□□、王師四方合戦　斬□蕩尽　所穫鎧甲一万余領軍資器械　不可称数　還破沙溝城　婁城　牛田城　□城　□□□□□城」（「碑」）
（十七年丁未［好太王］は歩兵と騎兵の五万人を派遣せしめて……王は四方から包囲する戦略をとった。［敵軍は］おびただしく斬り殺された。［我軍は］鎧甲一万余りを獲、軍用物資と兵器も数えきれないほど得た。帰還する［途上］においても、沙溝城、婁城　牛田城　□城、□□□□□□城［を得た］）

こうして倭人と百済は、少なくとも二回王の痛撃を受けた。そのため両国の連合を考えて政治同盟を結成した。
四〇二年　「使を倭国に遣わして大珠を求めしむ」（「史」）
四〇九年　「倭国使を遣わして夜明珠を送る。王は優礼して之を待う」（「史」）
四一八年　「使を倭国に遣わし百綿十匹を送る。王は優礼して之を待う」（「史」）
四一八年　「使を倭国に遣わし百綿十匹を送る」（「史」）
四二八年　「倭国の使が至る、従者は五十人なり」（「史」）
倭国は高句麗との戦争敗れた後、その動向を半島から国内に向けるようになった。その一つが応神であるとみる。

次のようにまとめておく。

● 戦争が長期にわたって継続的になされている。倭人又は倭国は半島の南部と九州に広がっていた

● 兵の数が多いこと、戦争の回数が多いこと、新羅との国境に満ちること、城と城との間に兵が満ちること。百済との同盟があること、これらから半島の南部に倭国があった。大量な兵が玄海灘を渡ることはありえず、経済的にも技術的にも困難である

● 五万の軍に対抗するためには最低一万の軍がなければならない。一隻二十五人として四〇〇隻となる。後世において長さ三〇メートルほどの帆船により遣唐使が派遣されているが、その定員も三〇～四〇人ほど

他の史料と合わせて九州と半島の南部に邪馬台国以後の倭国があった。その一方、大和にも大和王国があり、全国統一もない。

敗戦が応神などの近畿進出の大きな要因となった。応神の動きは「紀」に記されている。倭を大和王権ととらえたり、朝鮮を植民地としたり、九州の豪族を使っての戦いとすることはできない。

六章　応神王朝

一　『日本書紀』の年代

年代表記の問題

一～五世紀の古代王の即位年および在位年数は確定的でない。「紀」の年代が異常に古く、存在が不確実な王がいるからである。

「紀」による初期の王の即位年および退位年の推定表（図表6－1）を示す。死亡年齢について神武一二七歳、綏靖八十四歳、安寧五十七歳、崇神一二〇歳、景行一〇六歳、成務一〇七歳、応神一一〇歳などと異常に高齢であり、史実ととれない。

神武の即位年をBC六六〇年と異常に古くしたためである。二十代までの王の即位年数を引き伸ばしている。

「倭人伝」裴松之脚注によると、

「魏略にいわく、その俗正歳四節を知らず、ただ春耕、秋収を記して年紀となす」

ここから二倍年暦をとるとしても不自然であり、採用の確証もない。これにより「紀」の初期の王の年代は歴史書としての正確性を失っている。


さらに次がある。

● 明らかに史実でなく、物語ととれる部分がある。神話、創作、史実が入りまじっている。

王名		即位年	退位年	備考
1	神武	BC. 660	BC. 585	
2	綏靖	581	549	
3	安寧	549	511	
4	懿徳	510	477	
5	孝昭	475	393	
6	孝安	392	291	
7	孝霊	290	215	
8	孝元	214	158	
9	開化	158	98	
10	崇神	97	30	
11	垂仁	29	AD. 70	
12	景行	AD. 71	130	
13	成務	131	190	
14	仲哀	192	200	神功摂政あり
15	応神	270	310	
16	仁徳	313	399	
17	履中	400	405	
18	反正	406	410	
19	允恭	412	453	雄略456～479
20	安康	453	456	

図表6－1　古代王即位年および退位年推定表（『日本書紀』による）
（出典：安本美典『倭王卑弥呼と天照大御神伝承』2003年）

削実定偽ともいえる部分がある

- 大和政権が自ら書いたもので史実ととれない部分や教宣的部分がある
- 天皇中心主義がみられ、天孫族の行動を是とし、侵略を一部正当化している
- 万世一系主義がみられる。しかし少なくとも応神はそれまでの王と系統が異なり、武烈でも断絶している

「紀」の成立について次のことは重要である。

和銅元（七〇八）年、藤原不比等が右大臣になる。「山沢に亡命して禁書を隠し持っている者は百日以内に自首せよ。さもなくば恩赦しない」（『続日本紀』）とする。

「紀」以外のものを禁じている。歴史書の統制ととれる。「記紀」を唯一絶対のものとするためである。

安本美典氏による十年説

各天皇の即位代数を横軸にとり、天皇の即位又は活動の時期をたて軸にとってプロットすると、雄略天皇の頃より下方に急激に折れ曲がっている。神武～安康の年代を実際より古くし、神武の即位年をＢＣ六六〇年と異常に古くしたためである。

年代の推定にあたっての前提として①アマテラス時代の五代、古代の歴代の天皇を実在とする。②一代の平均在位年数について中国の王の同時代の王の在位年数により推定し、約十年と

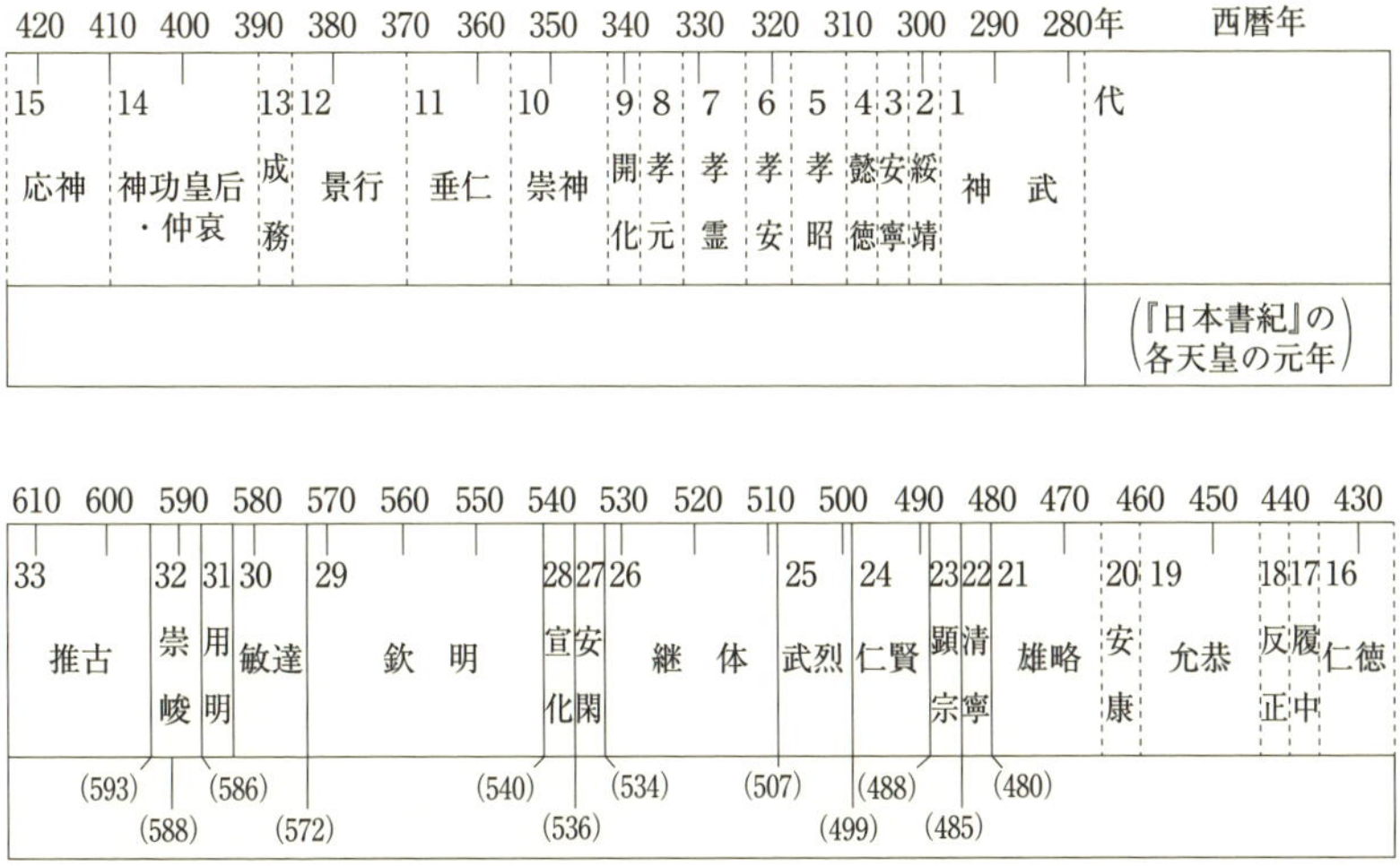

図表6－2　諸天皇の推定年代
（出典：安本美典『倭王卑弥呼と天照大御神伝承』2003年）

する。なお、奈良時代は一〇・八八年、世界的にみると一～四世紀の王について約十年である。③細かくみて

神武～雄略まで　九・四一年

用明～清寧（二十二代）一〇・七年

として、具体的推定年代図（図表6－2）が示される。安本美典『倭王卑弥呼と天照大御神伝承』）。

具体的首長の年代として主なものを示している。

●アマテラスの活動年代　三世紀初

神武　三世紀末

崇神　四世紀中頃

仲哀・神功　四〇〇年前後

応神　五世紀初

雄略　五世紀末

●アマテラスと卑弥呼とは同時代である。

二人とも宗教的権威者であり、夫を持たない。弟が補佐しているなどの共通点がある

●倭の五王との関係として

讃—応神、珍—仁徳、済—允恭、興—安康、武—雄略とする

●「記紀」による神話には一定の史実の核がある

●邪馬台国は東遷して大和王国になった

これに対して次がいえる。

●十年説は実証的であり、一定の合理性がある

●倭の五王はあとでみるように近畿王国の王でなく、九州王国の王である。

●国全体の東遷はなかった。特に神武、応神は九州から出発し、近畿において王になっている。内外史料において国全体の東遷を記すものがない。さらに東遷の政治的動機もない

●応神後の九州王国が推定される

十年説と即位年数による修正

年代の確実とみられる雄略（四五六〜四七九年）とし、平均在位年数を十年として神武までさかのぼり、「紀」の即位年数により修正した「古代首長即位年推定表（図表6―3）を示す。併せて平山朝治氏による推定即位年を示す。

図表6－3　修正古代首長即位推定年表

名称	日本書紀	即位年数	平山朝治	修正即位年数	修正即位年
アマテラス			224		206
ニホミ			234		
ニニギ			245		
ホホデミ			265		
ウガヤフキアエズ			276		
1 神　武	BC. 660	79	276	14	256
2 綏　靖	581	32	286	6	270
3 安　寧	549	39	296	7	276
4 懿　徳	510	35	307	6	283
5 孝　昭	475	83	317	15	289
6 孝　安	392	102	327	18	304
7 孝　霊	290	76	338	14	322
8 孝　元	214	56	348	10	336
9 開　化	158	61	358	11	346
10 崇　神	97	68	369	12	357
11 垂　仁	29	100	379	18	369
12 景　行	71	60	389	11	387
13 成　務	131	61	400	11	398
14 仲　哀	192	78	410	14	409
15 応　神	270	43	420	8	423
16 仁　徳	313	87	431	15	431
17 履　中	400	6	441	1	446
18 反　正	406	6	451	1	447
19 允　恭	412	41	462	7	448
20 安　康	453	3	472	1	455
21 雄　略	456				456

注1：256＝456－10×20

2：修正即位年数＝即位年数 $\times \frac{200}{456+660}$ ＝即位年数 ×0.179

修正即位年について「紀」の即位年数をもとにして次式による。

修正即位年数＝「紀」の即位年数×〇・一七九

〇・一七九＝（一〇×二〇）÷（四五六＋六六〇）

この表について確定的なものでないが、
神武の年代　四五六－（一〇×二〇）＝二五六、三世紀中頃
崇神　四世紀中頃
応神　五世紀初

応神について「史」より
四〇二年「使いを倭国に遣わして大珠を求めしむ」

四〇三年「倭国使いを遣わして夜明珠を送る。王は優礼して之を待つ」

「紀」によると応神の年代は二七〇～三一〇年、これに基づく推定として一二〇年補正すると
（三九〇～四三〇年）となる。

応神十四（二七〇＋一二〇＋一四＝四〇四）年、「百済王、縫衣工女を貢る」

応神十五（四〇五）年、「百済王が阿直岐を遣わして良馬二匹を貢る」

応神十六（四〇六）年、「王仁が来た」

「紀」の記事が「史」よりある程度実証されるので、応神の年代を五世紀初とみるのは妥当とみる。

二　応神王朝

応神の年代と外交

応神の年代は五世紀初である。

倭国と百済とは高句麗との戦争に敗れたことは「碑」から論証される。そのうちの倭国の一部の勢力が近畿（河内）へと進出していった。

当時、百済との通商がさかんであった。半島の史料により、倭と百済との同盟があったからである。また、帰化人も多かった。

四〇二年　使いを倭国に遣わす（「史」）
四〇三年　倭国の使者至る（「史」）
四〇九年　倭国使を遣わして夜明珠を送る（「史」）
四一八年　使を倭国に遣わし、白綿十匹を送る（「史」）
四二八年　倭国の使が至る。従者は五十人なり（「史」）

「紀」の年代は不確実であるが、外交記録を「紀」より示す。
七年　高麗人、百済人、任那人、新羅人等が来朝した
八年　百済人が来朝した
十四年　百済王が縫衣工女を奉った
　弓月君が百済からやってきた
十五年　百済王が阿直岐を遣わし、良馬二匹を奉った
十六年　王仁が来た
　平群木菟宿禰らを加羅に遣わした
二十八年　高麗の王が使いを送って朝貢した
三十七年　阿知使主らを呉に遣わした
三十九年　百済の直支王が妹を遣わした
この外交により、馬の文化と本格的鉄器が伝わった。さらに半島からの移民があった。それが大型古墳の取得の一つの要因となった。淀川、大和川の大型開発も可能になっていた。
また、仁徳天皇陵の陪塚から鏡二面、剣六本、勾玉七個出ており、九州王国とのつながりを示す。王権の一部が近畿に進出した。
古市古墳群域の氏族として葛城、息長、和邇、物部、蘇我氏があり、河内と関係が深い。

出自

母の神功は九州と新羅との関係が深い。

九年春、仲哀天皇は筑紫の香椎宮で亡くなられた。主な活動地は九州である。

「荷持田村に羽白熊鷲という者があり、皇命に従わず常に人民を掠めている。十七日皇后は熊鷲を討とうとして、香椎宮から松峡宮に移られた。そのときつむじ風がにわかに吹いて御笠が吹きとばされた。ときの人はそこを名づけて御笠とした」（「紀」）

- 松峡宮に来て羽白熊鷲を討つ
- 山門に田油津媛を討つ
- 那の河に裂田溝を掘り。香椎宮に帰った
- 大三輪に神を祀る
- 和珂津より新羅に渡る
- 宇美でのちの応神を出産

神功皇后が新羅を討たれた年、応神は仲哀九年筑紫の蚊田（又は宇美）で生まれた。

その家系について「記紀」によると

崇神─垂仁─景行┬五百木之入日子命─品陀英若王─中日売
　　　　　　　├倭健命─────仲哀
　　　　　　　│　　　　　　　＝─応神
　　　　　　　│　　　　　　神功　＝─仁徳
　　　　　　　└成務　　　　　　中日売

井上光貞氏によると

崇神─垂仁─景行─五百木之入日子命─品陀英若王─中日売
　　　　　　　　　　　　　　　　　　　　　　＝─仁徳
　　　　　　　　　　　　　　　　　　　　応神

大和王権とのつながりがうすい。

●大和国の諸王の名が「イリ」とされるが、一般に「ワケ」とされる。例えば、応神＝ホムダワケ、履中＝イザホワケ

●誉田八幡宮は応神天皇を主神とするが、その他住吉三神（表筒男、中筒男、底筒男）を配祀する。九州や海族とのつながりが強い

●応神陵の陪塚の丸山古墳から馬具、短甲が出土し、アリ山古墳から多量の鉄器が出土している。半島との強いつながりがある。くつわ、鎧、鞍などが出土

●仁徳天皇陵の陪塚塚廻り古墳から
鏡　二面
剣　一本、刀　二、三本
勾玉　七個　その他管玉類など
が出土している。三種の神器は天孫降臨神話で頻出し、王陵と併せて出るのは九州の五つの古墳である。神武の身分を示すものは天羽羽矢と歩靫である。ところが、仁徳天皇陵の陪塚から三種の神器が出土しており、それまでの王権と異なるだけでなく、九州王権との直接のつながりがある
●父の仲哀紀にも、筑紫に至ったとき、県主が白銅鏡、十握剣、八坂瓊を舟の舳に立てて出迎えている
●「北九州の三種の神宝は近畿の古墳時代の副葬品の源流となっている」（藤田友治「天皇陵を解明せよ」『天皇陵を発掘せよ』）。このもとになるのが応神の進出である
●母神功の伝承が北九州に多く残っている

応神の進出

東征は血なまぐさい戦争によった。香坂《かごさか》王と忍熊《おしくま》王は策謀をめぐらし、その進出を阻んだ。前後四回にわたる戦争があった。

●忍熊王が応神の船隊を攻めた
●山代（又は菟道《うじ》）で双方応戦した
●応神は逢坂で忍熊王軍を破った
●応神は沙沙那美で忍熊王軍を破った
近畿に進出後、河内に根拠地をおいた。その理由として、
●大和国の勢力をさけようとした。大伴、物部、中臣のような豪族は河内出身である
●瀬戸内海利用の通商を重視した。半島との通商も容易である
●大和川と淀川の下流域の大型開発が可能になった。本格的鉄器の技術も伝来した

古墳の動向として古墳時代中期になると、大和盆地から大阪平野の南寄りにある古市、百舌鳥古墳が出現し、きわめて大型となる。その理由として近畿地区での王権の交替があったとみるより、西方から新勢力（神功、応神）が進出したとみる方が合理的かつ自然である。古墳の出土物に鉄器や馬具が多く、半島の影響を強く受けている。応神が西方から進出し、河内が政権基盤地として最適であったからである。併せて、大和川、淀川の大型開発が可能になっていた。その技術もあった。

応神朝の王の拠点地として本拠地は河内であったが、旧勢力を制御、監視するため大和にも官居をおいている。（沈仁安『中国からみた日本の古代』）しかし、陵は安康を除いて河内にあ

る。

（天皇名）（河内）（大和）
応神　大隅宮（難波）軽島明宮
仁徳　高津宮（難波）
履中　伊波礼若桜宮
反正・允恭　多治比柴垣宮　遠つ飛鳥宮
安康・雄略　石上穴穂宮、長谷朝倉宮
（注：大和の宮は中心地にない）
そして大和王権に大きな力を示すため大古墳を造成した。

開発事業

大和川、淀川下流部の荒地の開発が可能になった。これに本格的鉄器、馬の文化および朝鮮半島からの移民が加わった。

- 応神天皇の時、半島からの人々を使い、韓人池を作った。剣池、軽池、鹿垣池、厩坂池を作った
- 仁徳天皇の時、和珂池を作り、横野堤を築いた

●依網池を作った。難波高津宮の原野を掘り、南の水（大和川）を引いて西の海（大阪湾）に入れ堀江とした。淀川の浸水を防ぐため茨田の堤を築いた

「紀」で天皇はのべる。「いまこの国をながめると土地は広いが田園は少ない。河の水は氾濫し、長雨にあうと潮流は陸に上り、村人は船に頼り道路は泥に埋まる。群臣はこれを良くみて溢れた水は海に通じさせ、逆流は防いで田や家を浸さないようにせよ」

●履中天皇の時、磐余池を作った

弥生前期は湿田が主流であったが、中期後期に入ると、山ろく地帯の傾斜地にも開田するようになり、小さな用水路・水路・ため池が造成され、表面取水の乾田が実施された。古墳時代中期に入ると、大和川淀川下流域の開発が進み、これに鉄器、労働力の活用、土木技術が加わった。これがまた大型古墳の造成へとつながった。新型の農具として木製の鍬や鋤の先のU字型刃先と曲がり鎌がある。巨石の運搬に修羅が使われた。

大型前方後円墳

古墳時代中期の古墳は平坦な台地や沖積平野の高台に造られ、人工的に山を築き堀を掘っている。前方部と後方部とのバランスがよく、張りのある形になっている。それまでの人里に近い低い台地の小型のものと異なる。

大型古墳が河内に集中しており、河内が近畿王権の王陵の中心地になっている。大和から離れて築造された。主なものを示す。

〈古市古墳群〉

応神天皇陵（四二〇メートル）、河内大塚山古墳（三三〇メートル）、仲哀天皇陵（二三九メートル）、墓山古墳（二一九メートル）、津堂城山《つどうしろやま》古墳（二〇五メートル）

〈百舌鳥古墳〉

仁徳天皇陵（四六六メートル）、履中天皇陵（三六〇メートル）、土師ニサンザイ（二九〇メートル）

その特長として

●古墳文化は頂点に達し、超大型のものが現れた。経済力軍事力の伸長を示す

●平坦な洪積台地又は沖積平野に造成され人工で山を作っている

●河内に集中し、王陵の中心地となる

●副葬品に大きな質的変化がみられる

・鉄器の大量な埋納

・武器が大きな割合を占める

・馬具が出現している

・金銀、金銅製装身具が銅、玉の製品にとって代わっている

三　大型前方後円墳からの全国統一の疑義

ここでの全国統一は、群雄割拠がなく、統一的な法律・経済制度が実施されている状態をいう。

応神朝の古墳（前方後円墳）がきわめて独自であり、その中心が畿内にあり大型であることから全国統一国家の成立が主張されることを検討する。

①一般的に次がいえる。

陵が巨大であり、その中心が畿内にある。ここから応神朝の時期に全国統一国家ができた。前方後円墳の代表的なものが天皇陵である。

しかし、前方後円墳自体は全国的にあり、その起源が畿内といいきれない。かえって全国各地に天子気取りの豪族がいたことになる。統一されていたら天子のみに許される郊祀礼を近畿の王朝がほかの豪族に認めることはない。

そして造営は政治的現象だが、政治関係までを示さない。さらに、巨大古墳が即統一の実証にならない。淀川、大和川の大型開発が進み、その経済力が大きいことを示すにすぎない。

②大型であり畿内にその初期のものがあり、古墳という形態からみると統一国家は畿内を中心として興った。

これに対してその初期のものが北九州にある。例として、津《つ》古《こ》生掛《しょうがけ》古墳（福岡県小郡市）、那珂八幡古墳（福岡県福岡市）、原口古墳（福岡県筑紫野市）などがある。

図表６－４　主要な前方後円墳の墳丘規模

古墳	メートル	時期
和泉・仁徳陵古墳	486	中
河内・応神陵古墳	430	中
和泉・履中陵古墳	360	中
備中・造山古墳	約 350	中
河内・大塚	330	中
大和・見瀬丸山古墳	318	後
大和・景行陵古墳	310	前
和泉・にさんざい古墳	290	中
河内・仲津媛陵古墳	286	前
大和・ウワナベ古墳	約 280	中
大和・箸墓	278	前
大和・神功皇后陵古墳	278	前
備中・作山古墳	約 270	中
大和・市庭古墳（現平城陵）	約 250	中
大和・崇神陵古墳	240	前
河内・仲哀陵古墳	239	前末～中
大和・室大墓	238	中
大和・メスリ山古墳	230	前
大和・手白香姫陵古墳	230	前
河内・允恭陵古墳	227	中
大和・垂仁陵古墳	227	前末～中
摂津・継体陵古墳	226	中
河内・墓山古墳	224	中
日向・オサホ塚	219	前
大和・成務陵古墳	219	前
大和・磐之媛陵古墳	219	中
上野・天神山古墳	約 210	中～後
大和・桜井茶臼山古墳	207	前
播磨・五色塚	199	前

森浩一『古墳 ― 石と土の造形』保育社より
（出典：石部正志ほか編著『天皇陵を発掘せよ』1997年）

古墳時代の主要な前方後円墳を一覧表（図表6－4）にしたものを示す。この中で吉備の造山、作山は多くの天皇陵より大きい。造山は応神、仁徳、履中以外の天皇陵より大きい。例を抽出する。

造山（三五〇メートル）、作山（二七〇メートル）
応神陵（四三〇メートル）、仁徳陵（四八六メートル）、履中陵（三六〇メートル）
仲哀陵（二三九メートル）、反正陵（一四八メートル）
允恭陵（二二七メートル）、崇神陵（二四〇メートル）、景行陵（三一〇メートル）

古代の天皇陵を一覧表（図表6－5）にしたものから応神朝についてみる。

仲哀　前方後円墳　藤井寺市
応神　〃　羽曳野市（体積最大）
仁徳　〃　堺市（墳長最大）
履中　〃　〃
反正　〃　〃
允恭　〃　藤井寺市
安康　円墳　奈良市
雄略　円墳＋方墳　羽曳野市

名	形	所在地	長さ	名	形	所在地	長さ
1 神武	円墳	橿原市		21 雄略	円墳方墳	羽曳野市	径 76, 辺 50
2 綏靖	〃	〃		22 清寧	前方後円墳	〃	112
3 安寧	山形	〃		23 顕宗	〃	香芝市	不明
4 懿徳	〃	〃		24 仁賢	〃	藤井寺市	120
5 孝昭	〃	御所市		25 武烈	山形	香芝市	
6 孝安	円墳	〃		26 継体	前方後円墳	茨城市	229
7 孝霊	山形	王寺町		27 安閑	〃	羽曳野市	
8 孝元	前方後円墳	橿原市		28 宣化	〃	橿原市	138
9 開化	〃	奈良市	100	29 欽明	〃	明日香村	140
10 崇神	〃	天理市	242	30 敏達	〃	太子町	113
11 垂仁	〃	奈良市	227	31 用明	方墳	太子町	辺 65
12 景行	〃	天理市	300	32 崇峻	円形	桜井市	
13 成務	〃	奈良市	219	33 推古	方墳	太子町	75
14 仲哀	〃	藤井寺市	235	34 舒明	八角墳	桜井市	不明
15 応神	〃	羽曳野市	417	35 皇極	(重祚して斉明とする)		
16 仁徳	〃	堺市	486	36 孝徳	円墳	太子町	40
17 履中	〃	〃	364	37 斉明	〃	高取町	不明
18 反正	〃	〃	148	38 天智	八角墳	京都市東山区	約 46
19 允恭	〃	藤井寺市	228	39 弘文	円墳	大津市	約 40
20 安康	円墳	奈良市		40 天武	八角墳	明日香村	
				41 持統	(天武陵に合葬)		

図表 6 － 5　古代天皇陵調（単位：m）
（出典：藤田友治著『古代天皇陵をめぐる』1997年より抽出）

ここから天皇－陵型－全国統一が直接結びつかない。例として安康、雄略は前方後円墳でない。雄略以後でも多様なものがある。

③さらに一つの説として比定が確実なものは天武、持統のみであり、不確実な比定から統一が論じられない。天皇陵の具体的内容も不明である。

④可視性、画一性、階層性があり、そこから前方後円墳国家が主張される（広瀬和雄『前方後円墳国家』など）。

大和王権と地方の首長では武具、武器の大きなちがいがあり、大和王権について佐記－馬見－古市－百舌鳥古墳の内部では大王－有力首長－中小首長層の階層があった。そして四有力首長が輪番的に大王を立てて政権職務を分掌していた。大王もそれを支える有力首長も前方後円墳を権威の象徴としていた。併せて倭の五王も近畿の王とする。

参考として前方後円墳の推移を示す類型図（図表6－6）を示す。しかし、次がいえる。

- あとでのべるように倭の五王は応神朝の王でない
- 陵は王と王との政治的関係を示さない。そのうえ、天皇陵が発掘されていないから具体的事実が不明である。相互に似ていることは陵の情報から作れる
- その大きさはその地域での王の力と経済力を示すのみであり、豪族間の政治関係を示さない。巨大古墳が統一権力者によると限らない
- 吉備に当時の近畿王権の陵を上回るものがある

図表6－6　5世紀大規模墳相対位置推移類系図

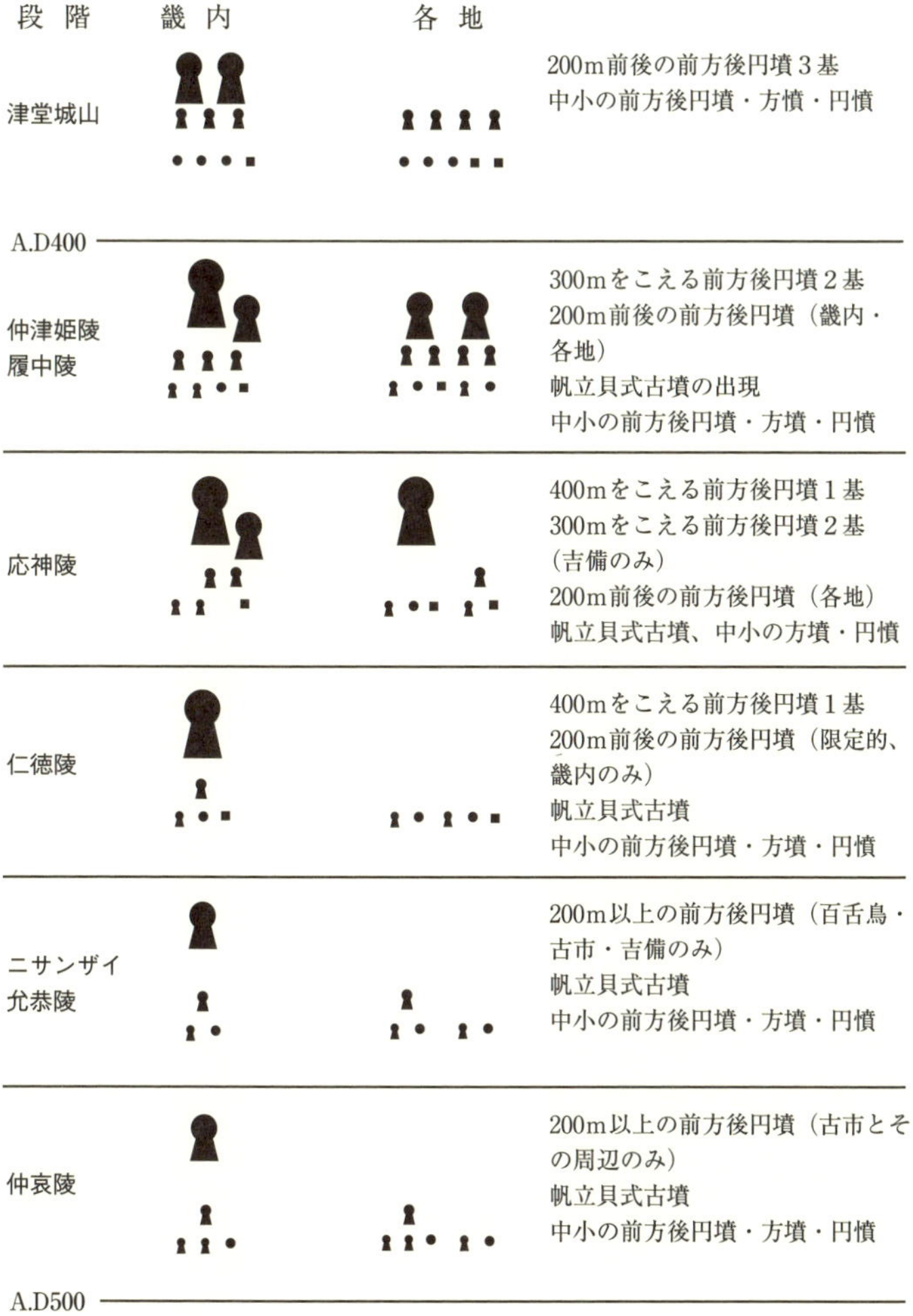

段階	畿内	各地	
津堂城山			200m前後の前方後円墳3基 中小の前方後円墳・方墳・円墳
A.D400			
仲津姫陵 履中陵			300mをこえる前方後円墳2基 200m前後の前方後円墳（畿内・各地） 帆立貝式古墳の出現 中小の前方後円墳・方墳・円墳
応神陵			400mをこえる前方後円墳1基 300mをこえる前方後円墳2基（吉備のみ） 200m前後の前方後円墳（各地） 帆立貝式古墳、中小の方墳・円墳
仁徳陵			400mをこえる前方後円墳1基 200m前後の前方後円墳（限定的、畿内のみ） 帆立貝式古墳 中小の前方後円墳・方墳・円墳
ニサンザイ 允恭陵			200m以上の前方後円墳（百舌鳥・古市・吉備のみ） 帆立貝式古墳 中小の前方後円墳・方墳・円墳
仲哀陵			200m以上の前方後円墳（古市とその周辺のみ） 帆立貝式古墳 中小の前方後円墳・方墳・円墳
A.D500			

出典：鈴木靖民編『倭国と東アジア』2001年

●応神朝の政治記録にはっきりと統一を示すものがない

⑤古墳での首長霊継承の祭儀からいえる。この細目として（a）近畿天皇家―地方豪族との支配服属の儀式（b）天孫降臨神話（c）大嘗祭がなされる。

（a）について陵から支配服属までを示さない。また、同型の陵について天皇陵では支配、それ以外では服属となり、不自然である。真実は大部分の陵ではその祖宗への服属を示す祭儀をしていた。天皇陵ではアマテラスやニニギが祖宗である。

（b）について降臨は筑紫に向かってなされ、神話も九州で成立し伝承地も九州であり、その後の王権も九州内で成立しており、その王権がなくなるとする史料もない。ニニギや神武の伝承地も九州にある。

（c）大嘗祭について「記」になく「紀」でその実施を示すものは七世紀末である。持統五（六九一）年一月一日、大嘗祭を行い、天の神の寿詞を読んだ。

これと歴代の天皇陵をみると、応神〜天武の陵では大嘗祭はなされていない。そしてそれが権力者の祭儀ととれば、天武まで近畿天皇は統一の権力者でなかった（石部正志ほか『天皇陵を発掘せよ』）。

加えて七世紀末において『旧唐書』は記す。

「日本国は倭国の別種なり。その国日辺にあるを以て、故に日本を以て名となす。あるいはいう、倭国自らその名の雅ならざるを悪み、改めて日本となすと。あるいはいう。日本は旧小国、倭国の地を併せたり」とし、「新羅本紀」は倭国と日本国とが六七〇年に統合されたとする。

⑥応神朝の「紀」からの政治的事項に全国統一を示すものがない。記事を抽出する。

〈応神〉

●東の蝦夷が朝貢してきた

●諸国に海人部山守部を定めた

●家臣を筑紫に遣わして人民を監察させた

〈仁徳〉

●三年間課税をやめた

●壬生郡と葛城郡を定めた

●蝦夷が叛いたため家臣を遣わして討たせた

〈履中・反正〉

●諸国に国史を置いた

〈允恭〉

●氏姓をただした

〈安康〉

●とくになし

〈雄略〉

● 史部河上舎人部を設けた
● 家臣を遣わして伊勢の朝日部を討った
「紀」からはっきりと全国統一が実証されない。
⑦倭の五王はあとで示すように、近畿天皇家のことでない。時代も名称も異なる。半島まで約八〇〇キロメートルあり、大きな力を示しえない。
⑧天皇陵が発掘されていないから、具体的事実が不明であり、統一を示しえない。
⑨古墳の新しさを示すものとして装飾古墳がある。所在地は北九州と北関東に多い。石棺の内外面、横穴式石室の内面などに絵画や幾何学的文様で装飾している。全国で六百基ほどであり、大部分が九州にある。併せて、横穴式であり、追葬できた。別の王権を推定させる。
⑩天孫降臨は筑紫に向かってなされ、神代三代の陵が北九州にあり、三種の神器と王陵が確認されるのは北九州の遺跡である。初期の国家は北九州に成立した。（しかし全国統一国家ではない）その初期の国が五世紀に東遷して統一したとする史料もない。六〇〇キロメートル離れた所に国を移すことも、二つの国が統合されていたことも不自然である。

七章　倭の五王

一　応神朝との関係

倭の五王の動き

倭の五王を含む倭の動向を示す。
併せて武の上表文を示す。

西暦	倭の動向（四世紀中期～六世紀初）
三四六年	倭兵がにわかに風島に来た。金城を包囲して激しく攻めた（「史」）
三六四年	倭兵が大挙して新羅を襲ってきたが、伏兵で皆殺しにした（「史」）
三六六年	百済の使いが初めて倭国に来た。百済は新羅にも使者（「史」）
三六九年	秋九月、高句麗が兵二万で百済を攻める（「史」）

三九一年	倭渡海し、百済、新羅、伽羅を破り、臣民にした（「碑」）
三九三年	夏五月、倭人が金城を包囲し、五日も解かなかった（「史」）
四〇二年	三月、新羅が倭国と通好し、王の子未斯欣を人質に出す（「史」）
四〇四年	倭国が帯方界に侵入。高句麗と戦って敗れる（「碑」）
四〇五年	百済の人質腆支が、父王の死去で倭兵百人に伴われて帰国、王になる。倭兵が新羅の明活城を攻めるが三百余人を殺されて敗れる（「史」）
四〇八年	倭人が対馬に軍営を設け、新羅を襲撃しようとする（「史」）
四一三年	倭国王（讃）が東晋に遣使（『晋書』）
四一八年	秋、新羅の人質だった未斯欣が逃亡。帰国に成功（「史」）
四二一年	倭国王、遣使、「安東将軍・倭国王」の称号（『宋書』）
四二五年	倭国王讃、宋に使いの司馬曹達を送る（『宋書』）
四二七年	高句麗が南下、平壌に都を移す（「史」）
四二八年	倭国、百済に総勢五十人の使節団を送る（「史」）
四三一年	倭兵が新羅の明活城を包囲（「史」）
四三八年	倭国王讃が死に、弟珍が王に。遣使（『宋書』、『南斉書』）
四四〇年	倭国、新羅の南の辺境に侵入、百済、宋に遣使（「史」）
四四三年	倭国王済、宋に遣使（『宋書』）
四五一年	済遣使「使持節、都督、倭、新羅、任那、加羅、秦韓、慕韓六国諸軍事」の称号を受ける（『宋書』）
四五五年	高句麗が百済に侵入、新羅王は兵を派遣して救援（「史」）

四五九年	倭兵が兵船百余隻で新羅を襲い月城を囲む（「史」）
四六〇年	倭国王済、遣使。死ぬ（『宋書』）
四六二年	倭国王興、遣使「安東将軍、倭国王」の称号（『宋書』）
四七四年	高句麗百済を攻め、蓋鹵王を殺す（「史」）
四七六年	倭人が新羅に侵入二百人捕殺される（「史」）
四七七年	倭国王興死ぬ。武王?‥宋に遣使（『宋書』）
四七八年	倭国王武宋に遣使。「使持節、都督、倭、新羅、任那、加羅、秦韓、慕韓六国諸軍事」の称号を受ける（『宋書』）
四七九年	宋滅びる。武王南斉に遣使（『南斉書』）
四八五年	百済と新羅が和睦。共同で高句麗にあたる（「史」）
五〇二年	倭王武、梁の武帝から「征東将軍」の称号を受ける（『梁書』）

注：三九一年の読み方はまちがいである。正しい読み方として「百済と新羅はもと属民にして朝貢していた。倭が来ており、（高句麗は）海を渡り百済を破り、新羅を臣民としていた」

（出典：内倉武久『太宰府は日本の首都だった』二〇〇三年）

〈武の上表文（武が宋あてに提出）〉

わが国ははるか遠くにあって外夷に対する天子の藩屏になっています。わが先祖は代々みずから甲冑をまとって畿山河を踏み越え、席を温めるひまもなく戦ってきました。東方の毛人を征すること五五国、西方の衆夷を服すること六六国、海を渡って北方を平げること九五国になりました。王道は遍くゆきわたり領土を拡げ境域は遠くまでおよんでいます。

しかも歴代の倭王は宗主のもとに使者を入朝せしめ、その年限を違えることはありませんでした。

私はおろかしくも、その器ではありませんが、かたじけなくも王統を継承しました。統治するところを率いて天子にお仕えしようとし、百済からなおはるかな道のりゆえ、航海の準備もおこたらなかったのです。しかるに、高句麗は理不尽にも（百済を）併合しようと企て辺隷を掠抄し、殺りくをやめようとしません。途中で押し止められ、良風を失っています。海路を進むことがあっても、あるいは通じ、あるいは通じえないありさまです。

私の亡き父の済は入朝の海路を塞いでいるのをいきどおり、戦備を整えた百万にものぼる兵士たちも義声をあげて感激し、大挙出征しようとしていましたが、にわかに父と兄を襲い、まさに成就せんとしていた功も水泡に帰してしまいました。諒闇にこもって軍隊を動かせず、これゆえにいたずらに安息して、いまだに勝利していません。

今にいたり、甲を練り兵をおさめ、父と兄の遺志を継ごうとしています。節義ある人士も勇猛なる軍隊も、文官も武官も功を立て白刃が眼前に交わろうとも顧みはしません。もし皇帝の四海を覆う恩徳により、この強敵を打ちくだき、国難を除いて太平をもたらしていただけるならば、歴代天子への忠誠を変えることはないでしょう。私はひそかに開府儀同三司を仮称し、その余も仮授して忠節に励んでいます。

はじめに応神朝の王との関係をみる。

（森公章『倭の五王』二〇一〇年）

近畿から半島までの距離

半島まで約八〇〇キロメートルあり、近畿から大きな力を及ぼしえない。

五王の活動年代

五王の活動年代については倭の動向から

讃　四一三～四三八年
珍　四三八～四四三年
済　四四三～四六〇年（又は四六二年）
興　四六〇（又は四六二）～四七七年
武　四七七（又は四七八）～五〇二年

高城修三氏『紀年を解読する』、安本美典氏『倭王卑弥呼と天照大神伝承』、修正古代首長即位年推定表からの年代を示す。

応神　三六八～四〇七年、四一〇年頃～四一五年頃、四二三～四三一年

仁徳　四一〇～四三四年、四二五年頃～四三五年頃、四三一～四四六年
履中　四三四～四三七年、四三五年頃～四四〇年頃、四四六～四四七年
反正　四三七～四三九年、四四〇年頃～四四五年頃、四四七～四四八年
允恭　四三九～四六〇年、四四五年頃～四六〇年頃、四四八～四五五年
安康　四六〇～四六一年、四六〇年頃～四六五年頃、四五五～四五六年
雄略　四六一～四八三年、四六五年頃～四八〇年頃、四五六～四七九年
五王の合計年数は約九十年であるが、三つの推定年代からの合計年数とかけはなれている。それぞれの五王の年代も、応神朝の王に対応しない。武は五〇二年までの活動がある。

血縁関係など

讃・珍は兄弟であり、済の子が興と武であるが、「紀」による血縁関係と合致しない。応神朝の王の名称として応神（誉田別）、仁徳（大鷦鷯）、履中（去来穂別）、允恭（雄朝津間稚子宿禰）、安康（穴穂）、雄略（大泊瀬幼武）であり、二字以上であるだけでなく、名称上の共通点がない。それぞれ別人である。また、中国側で名を変えることもない。

武の上表文

上表文から次がわかる

●宋の王室を守る垣根となってきた
●東に毛人の五十五国、西に衆夷の六十六国、海を渡り北の国の九十五国を征してきた
●府を開き、三公（大尉、司徒、司空）の位を設け、儀礼を同じくしたい

『宋書』の東夷伝の構成として東夷として高句麗、百済、倭国であり、倭都は東夷の地であり、衆夷は倭都を含む地帯であり、それが列島の西にある。東の毛人の五十五国、海北として九十五国となる。近畿から半島の国は海北とならず、近畿の東の五十五国も存在せず、「紀」にもあてはまる国がない。衆夷は九州、毛人は中国地方の一部である。

応神朝の王は相手国から朝貢を受けているが、倭王武は宋の垣根になるともいっている。この二国の位どりは異なる。「府」となりうる所として太宰府があり、九州王国の首都ととれる。仁徳～雄略には中国への貢献記事がない。

武＝雄略について

雄略は相手国から朝貢を受けるが、武は天子の藩屏になり、天子に仕えるともしており、その位どりが全く異なる。

雄略紀には上表文が記されていない。

雄略の拠点地は泊瀬の朝倉宮で、現在の桜井市脇本地区ととれるが、中国の宋との通商を示

す出土物がない。「紀」では宋でなく、呉との使いのことをわずかに記すのみである。
雄略は兄の安康が殺されると眉輪王を殺し、続いて八釣白彦皇子、坂合黒彦皇子、市辺押磐皇子を殺し王位についている。この政治状況は父と兄の意志をつぎ、兵をねる武のものと全く異質である。

その状況での半島への軍事行動も推定できない。紛争の系図を示す。

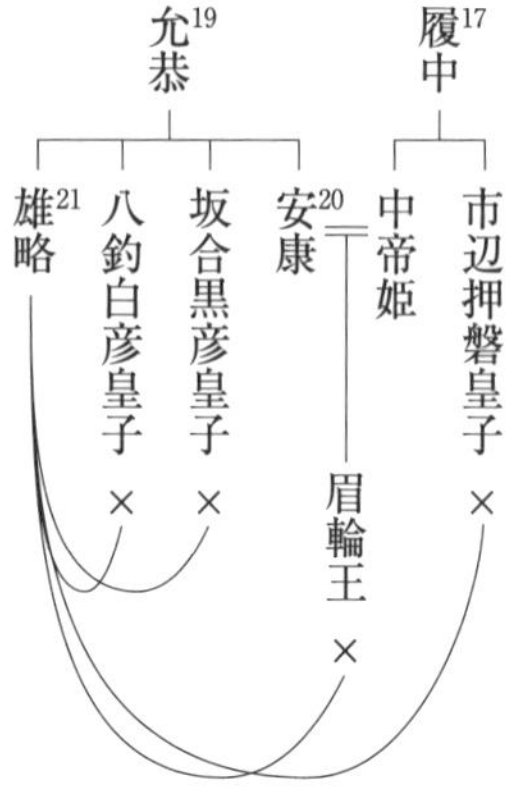

注：雄略の系図

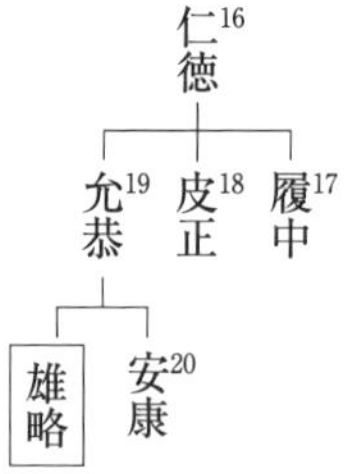

さらに「紀」の雄略の年代は四五六～四七九であり、武は五〇二年までの活動が確認できる。そして「征東大将軍」に任じられているが、「紀」にはその記事がない。武と雄略は別人である。「紀」に五王の伝承は一切ない。

二　倭の五王の動向

倭の五王は五世紀において東方の毛人五十五国、西方の衆夷の六十六国、海北の九十五国を征して領土を拡大してきた。列島内の国数一二一国は『漢書』、『後漢書』の国数百余国とつながる。さらに『隋書』では「軍尼百二十人余」とする。その領域は九州、中国地方の一部、半島の南部であり、自称・除正の称号に示された地位の承認を求めて国内支配の維持安定に努めた。

「使持節」は皇帝から「節《はたじるし》」を授けられたことを示し、「都督……諸軍事」は地域の軍事権の承認を意味する。

父の済は高句麗に対して出征しようとしたがはたせず、武は開府儀同三司を仮授して忠節にはげもうとする。武は「安東大将軍」を称し、「使持節、都督、倭、新羅、任那、加羅、秦韓、慕韓六国諸軍事」になっている。

倭の動きをみる。

四〇四年、倭は帯方界に進入した。しかし広開土王は敵を斬りまくり、倭は潰え敗れた。

四〇七年、高句麗は半島において攻勢に出た。これに対して倭国と百済は共同してあたったが敗れた。

広開土王の死とともに高句麗の長寿王と倭王讃の使者は東晋を訪れた。この頃、東晋の実権はすでに劉裕という将軍の手にあり、四二〇年宋朝を開いた。

珍は四三八年宋に使者を送り、六国諸軍事および安東将軍の称号の承認を求めたが、安東将軍のみが認められた。

この一方、高句麗は大いに力をつけ、再び南下を始めていた。これが珍の除正要請につながった。

四五一年、済は六国諸軍事と安東将軍名を受けた。

四五五年、高句麗が百済に侵入した。四七五年には高句麗は百済の王都を攻め落とした。

倭王武は百済の再建に協力した。同時に武は上表文を送り、宋の垣根となって宋に忠節を尽し、高句麗とも対抗しようとした。倭は百済と共同してこれにあたった。

高句麗の攻勢は四九一年の長寿王の死まで続いていった。

その後、六世紀に入り、五六二年になって半島は高句麗、新羅、百済の三国分立となり、倭の力は急速に衰えていった。

主要な除正、進号を示しておく。

四三八年　珍「安東将軍倭国王」

四四三年　済「安東将軍倭国王」
四六二年　興「安東将軍倭国王」
四七八年　武「使持節都督、倭、新羅、任那、加羅、秦韓、慕韓六国諸軍事、安東将軍倭国王」
五〇二年　武「征東大将軍」に進号

倭国は半島での戦いに兵を送り、国内に多くの防衛施設を作った。これが倭国の力を急速に落としていった。首都として「太宰府」以外に適当な所がない。天智天皇紀に「筑紫都督府」の名称がでている。

八章　継体王権と磐井の戦争

一　継体王権の動向

天皇家系の断絶

磐井の戦争は継体天皇二十一（五二七）年に北九州でおこり、翌年二十二年に終わった。約六〇〇キロメートル離れた王権の反乱とされる。

その戦いは朝鮮半島の動向とも深く結びついていた。「紀」では「反乱」とするが、継体王権と磐井を中心とする九州王権の「戦争」でないかを検討する。はじめに継体の動きをみる。略年表（図表8－1）を示す。

継体は五世紀の後半、近江の坂田郡の姉川流域に地方豪族化していた王族の子孫である。

武烈が亡くなったあと、大伴金村大連によって擁立された。しかし、大和や河内の豪族の一

図表8—1　継体紀略年表

年号（西暦）	内政
武烈八年	武烈王死亡
継体元（五〇七）年	樟葉宮に至る 天皇に即位 大伴金村大連は天子のしるしの鏡、剣をたてまつった
五（五一一）年	山背の筒城に遷都
十二（五一八）年	弟国へ遷都
二十（五二六）年	磐余の玉穂に遷都
二十一（五二七）年	磐井の反乱 翌年、磐井敗北 子の葛子と和睦
二十五（五三一）年	継体天皇死亡

西暦	外交
五〇一年	百済武寧王即位（〜五二三）
五〇九年	使を百済に遣わした
五一二年	百済任那の四県の割譲を要求した
五一三年	伴跛は己汶を奪取
五一四年	新羅の法興王即位（〜五四〇）
五一五年	物部連の五百の兵を半島に送る
五二三年	百済聖明王（〜五五四）
五二七年	近江毛野臣、六万を率い南加羅、喙己呑の復旧をめざす
五二九年	近江毛野臣を使として安羅に遣わされた

部にはこれを快く思わず、長く大和入りは阻止された。晩年において磐井との戦争が起こった。

「竺紫君石井、天皇の命に従はずして、多く礼無かりき」(「記」)とする。


男大迹天皇(継体)は応神天皇の五世の孫で彦主人王の子であり、近江で生まれ、越前で育った。母を振媛《ふるひめ》という。振媛は垂仁天皇の七世の孫である。父は振媛が美人であると聞いて越前国に迎え、妃とされた。


「記」は記す。

「天皇既に崩りまして、日続知らすべき王無かりき。故、品太天皇の五世の孫、袁本杼命、近つ淡海国より上りまさしめて、手白髪命と合はせて、天下授け奉りき」

即位の経緯について次がいえる。

- 武烈王が亡くなり、男子も女子もなく、応神系天皇の傍系の越前の豪族の継体が擁立された
- 妃九人で王統の皇女が多い。政略結婚である
- 系図(『上宮記』)を示す
  応神天皇―若野毛二俣王―大郎子―乎非王―汗斯王―乎富等大公王(継体天皇)
- 応神天皇の五世の孫ということはほとんど天皇家系の断絶ととれる。しかも継体の住地は

大和から遠く離れた越前であり、地方出身者である。陵は大阪府茨木市で大和にない天皇家系の断絶が推定される。神宝論からも鏡と剣とし、勾玉をカットしている。継体の意味も断絶した皇位の継承ととれる。

政権の経緯

王位につくまでを示す。
武烈八年、武烈王死後、三国（越前）に迎え奉る。大伴金村らがこれを譲った
継体元（五〇七）年、樟葉宮（枚方）に至る。王、五十七歳の時である
継体五（五一一）年、都を山背の筒城に遷す
継体十二（五一八）年、弟国（山城）に遷す
継体二十（五二八）年、磐余（大和）の玉穂に都す。
継体二十五（五三一）年、死亡。時に八十二歳とする

①武烈王は残虐な王である。これは継体の即位を正当化している。皇族の家系が断絶して地方出身者が皇位についたためである。
②武烈王が亡くなってから王になり都を大和に置くまでに、きわめて長期間かかっている。拠点地についても樟葉宮、筒城、弟国、磐余と点々としている。当時、大和は内乱状態であり、

すぐに拠点地とはできなかった。それだけ政権基盤が弱い。
③倭彦王が迎えの使者をみて隠れたのは、自分の暗殺を恐れたためである。
④三国に迎えにきた重臣たちに、継体はすぐには天皇になることに同意していない。自分の支持者の真意を疑っていた。
⑤継体はすぐには大和に入らず、周辺の地域から権力基盤を固めている。
⑥継体には九人の妃があげられているのは、各種の勢力を政権内に取りこむためである。
⑦業績について、みるべきものが少ない。
● 使いを百済に遣わした
● 任那四県の割譲
● 都を大和の玉穂に置いた
● 磐井の乱を鎮圧した。しかし、子の葛子と和睦した
● 近江毛野臣を安羅に遣わした
⑧外交について確固とした方針がない。特に半島にあったとされる任那などについていえる。例として、四県の割譲について
● 関係人物が一堂に会していない
● 穂積臣押山が大きな動きを示すが、わずかな会議のみで領土を割譲している
● 押山が新羅から賄賂をもらったとするのも奇怪である

●記事そのものの真偽も疑われる。会議のみで領土を割譲している。通常ありえない

継体政権の性格

①政権の性格

継体は二十年もかかって大和の磐余に入っている。そして大和の諸勢力さえ完全には掌握できずに、継体二十五（五三一）年に亡くなっている。

陵は三島の藍野陵とされる。大阪の茨木市にあり、前方後円墳、全長二二六メートルである。

ここで重要なことは、大和にないことである。比定も確定せず、今城塚古墳（大阪府高槻市）とする説もある。

●長い年月をかけて大和に入ったのは、旧勢力の激しい抵抗にあったためである

●九人と妃が多いのは、各種の皇族などの勢力を内部にとりこむためととれる

●磐井との戦いで勝ったとするが、子の葛子とは中途半端に和睦している。一方、葛子は筑紫君としてその勢力が残っている

継体は従来の王権とは血縁がうすく、それまでの近畿王権と戦って王になった。

『上宮記』による系図が示すように、近畿王権とのつながりがうすく、越前で育った地方出身者である。

武烈での天皇家系の断絶ととれる。

そして、九州王権に対して戦いを起こした。このようにとれば、歴史の流れが自然である。

②継体の権力

磐井の政権は北部九州では自立した力を持っていた。同様なものが東国では毛野があり、加えて吉備でも同様なものがあった。

それぞれの地域政権が近畿政権とどのような関係であったか不確であるが、少なくとも租税、官僚、支配などの関係があったようにとれない。このことは畿内の王権が一元的一円的に統一体にあったことを示さない。

継体について

- 継体とそれまでの王権とのつながりが不確であり、近畿内部でも確固とした政権でない。簡単な系図を示すのみである
- 九州の王権は先進技術や軍事力について、近畿政権を経由する必要がない地理にある。近畿とは六〇〇キロメートルあり、大陸とは近い
- 外交も近畿王権が一元的に処理していたようにとれない。磐井は新羅や百済と直接交渉を持っていた
- 部民制や屯倉制について、どこまで進んでいたか不確である。官僚制や税制についても同様である
- 古墳についても、九州では装飾古墳や横穴石室ができている。それまでの前方後円墳と異

質で、先進的ととれる

二　朝鮮半島の動きと三つの事件

六世紀の百済は武寧王（五〇二～五二三年）、聖明王（五二三～五五四年）の時代であり、新羅は法興王（五一四～五四〇年）、真興王（五四〇～五七六）であり、その力は大きくなっていた。半島の南部では加耶、伴跛《はへ》、任那などの国があり、部族が分立し、対立していた。

この任那について「半島南部に存在した倭人の村落共同体や部族集団の自治的組織にすぎなかった」（李鐘恒『韓半島からきた倭国』第五章）。その理由として、半島南部の倭は玄海灘や近畿から渡ってきたものでなく、任那日本府は半島側の史料から実証できない。

六世紀に入ると、百済、新羅がそれぞれの周辺の小国や部族に対して統合したり、影響力を強めていた。

これらの南朝鮮の状況に対して深いかかわりを持っていた大きな政治勢力は、近畿王国と九州王国であった。九州王国については倭の五王が中国南朝に官職を求めていた。

継体記において、三つの事件を記している。

①継体紀六（五一二）年、四県を百済に割譲したもの

②継体七（五一三）年、伴跛国が百済に従属した己汶の地を奪ったことに対する問題

③磐井の戦争と直接関係するもの

①についてみる。

百済は任那の領域のうち、その西半にあたる上哆利、下哆利、娑陀、牟婁の四県の割譲をして欲しいと願った。このとき哆利に派遣されていた国守の穂積臣押山が奏上してきた。押山は建言した。

●近畿王国からあまりにも遠方である

●百済にとって地続きである

●今、この好餉を百済に与えることは近畿王国にとって不利でなく、かえって両国の関係が好転する

この建言によって、朝廷では会議が開かれたが、大伴金村はこれに応じ、物部麁鹿火は中途から反対の意向を明らかにした。会議には勾大兄皇子（のちの安閑天皇）は出席していなかった。次の疑問が生じる。

●近畿王国の重大な外交方針の決定において、関係人物が一堂に会して審議していない。会議による割譲も理解できない

●記事そのものの内容が異なることも推定される。四つの県は九州王国の関連地であり、近畿王国とは直接的利害がなかった。もしくは記事の盗用である

近畿王国が任那のためをはからず、百済の意のままになるため、任那諸国の近畿への不信が

急激に高まった。

③五二七年、近畿王国は意を決して体勢挽回の軍を起こした。この時、北九州に大きな戦争（又は乱）が起こった。これが磐井の戦争である。

（a）五二七年に近江毛野臣は六万の軍を率いて任那におもむくため発向した。新羅に破られた領地を取りかえし、任那を復するためである。

（b）磐井は以前から反逆の心があり、すきをうかがっていた。新羅はこれを知ってひそかに賄賂を磐井に送り、毛野臣の軍が海を渡るのをさえぎるよう求めた。磐井は火《ひのくに》、豊《とよのくに》の二国とともに、外は海路を断ち、内は毛野臣の軍の発向をさえぎった。

（c）近畿王国は大伴金村、物部麁鹿火らとはかり、天皇は物部麁鹿火を筑紫に派遣した。

（d）継体紀二十二年、物部麁鹿火は筑紫三井郡で磐井を破った。

（e）筑紫君葛子は父（磐井）の罪に連座して誅せられることを恐れ、糟屋の屯倉を献上して死罪を免れた。

磐井の反乱の「紀」の記事を引用する。

継体二十一（五二七）年夏、六月三日、近江の毛野臣が兵六万を率いて任那に行き、新羅に破られた南加羅、喙己呑を回復し、任那に合わせようとした。このとき、筑紫国造磐井がひそかに反逆を企てたが、ぐずぐずして年を経、事のむずかしいのを怖れて、すきをうかがっていた。新羅がこれを知ってこっそり磐井に賄賂を送り、毛野臣の軍を妨害するよう勧めた。

そこで磐井は肥前、肥後、豊前、豊後などをおさえて職務を果たせぬようにし、外は海路を遮断して、高麗、百済、新羅、任那などの国が、貢物を運ぶ船を欺き奪い、内は任那に遣わされた毛野臣の軍をさえぎり、無礼な提言をして「今でこそ、お前は朝廷の使者となっているが、昔は仲間として肩や肘をすり合せ、同じ釜の飯を食った仲だ。使者になったからとして、にわかにお前に俺を従わせることはできるものか」といって、交戦して従わず、気勢がさかんであった。毛野臣は前進をはばまれ、中途で停滞してしまった。

天皇は大伴大連金村、物部大連麁鹿火、許勢大臣男人らに詔をして「筑紫の磐井が反乱して西の国をわがものとしている。いま誰か将軍の適任者はあるか」といわれた。大伴大連らみなが「正直で勇に富み、兵事に精通しているのは、いま麁鹿火の右に出る者はありません」とお答えすると、天皇は「それが良い」といわれた。（中略）

天皇は将軍の印授を大連に授けて「長門より東の方は自分が治めよう。筑紫より西はお前が統治し、賞罰も思いのままに行なえ、一々報告することはない」といわれた。

二十二年冬十一月十一日、大将軍麁鹿火は敵の首領磐井と三井郡で交戦した。両軍の旗や鼓が相対し、軍勢のあげる塵埃は入り乱れ、互いに勝機をつかもうと必死に戦って相ゆずらなかった。

そして麁鹿火はついに磐井を斬り、反乱を完全に鎮圧した
（出典：宇治谷孟『日本書紀　全現代語訳』）

三　磐井の戦争

磐井の政権基盤

倭の五王から五世紀、九州王国があった。それに続く磐井の政権の基盤として次があった。

①岩戸山古墳

磐井の陵は岩戸山古墳とされ、八女古墳群の一つである。筑紫平野を南北に分ける八女丘陵にあり、大小十二の前方後円墳（壺型古墳）と三百以上の古墳群から成る。北の福岡に近く、水運利用可の矢部川に近く、有明海を通じて海上交通できる。まわりは気候温暖で水稲栽培適地である。平野も広い。

陵は東西の主軸長約一三五メートル、周堤を含めると約一八〇メートル、後円部径約六〇メートル、高さ一八メートル、方部約九二メートル、高さ一七メートルで、九州で最大級の古墳で、当時の近畿の大王陵に匹敵する。実測図（図表8－2）を示す。

近くの古墳として御塚、権現塚（福岡県久留米市）が知られる。これらは水潴郡の豪族であった水沼君の墓ととれる。古墳からは新羅土器が出土し、新羅との交渉を推定させる。立山山八号墳からは金製垂飾付耳飾が出土。新羅との関係を示す。

②江田船山古墳（全長六二メートル、前方後円墳）
熊本県和泉町にある。ほぼ五世紀の後半とみられる。出土したものとして金銅製冠、金製耳飾り、金銅製履がある。ほかに例なく大陸との関係を示す。磐井の時代以前の半島との密接な関係を示す。追葬が二回なされている。

③石人石馬
岩戸山古墳から多く出ている。同様なものが九州の各地（図表8－3）より出土している。磐井との関係を示す。

④横穴式石室
横穴式石室は一度しか埋葬できない竪穴式と異なり、追葬できる石室である。四世紀後半から末にかけて、北部九州の玄海灘沿岸に現れたもので、五世紀初頭には有明海沿岸を中心に肥後型横穴式石室が現れて、後半には石室形を備えた石室が現れている。この方式は最初に北部

九州に現れたものであり、近畿からのものでない。

⑤装飾古墳

九州古墳文化の特色である。装飾は石障から石室形、石室壁へと施され、彩色画と発展していった。熊本県、福岡県、佐賀県、大分県など北部九州に広く普及していった。

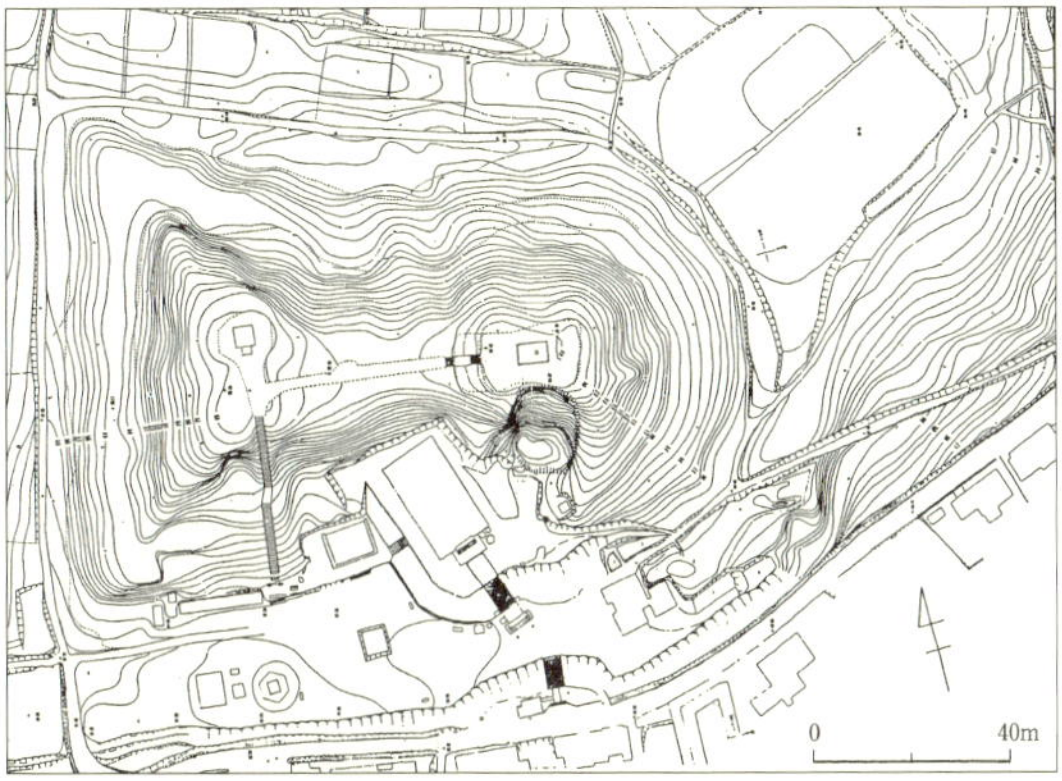

図表8－2　岩戸山古墳実測図
（八女市教育委員会提供）

図表8－3　石人・石馬のある古墳（原田大六氏による）
注：このほか鳥取県西部にも１基ある
（出典：井上光貞著『神話から歴史へ』2005年）

石室の内外面などに絵画や幾何学的文様を装飾したもので、彫刻と彩色がある。彩色は赤、黄、白、青、緑、黒と多彩である。

主な古墳として石人山（福岡県広川町）、浦山（福岡県久留米市）、西隈山（佐賀県佐賀市）などがあり、広く有明海沿岸に広がっていた。全国で六百基ほどに推定され、大部分は北九州にある。

⑥磐井の政治組織

『筑後国風土記』はのべる。

「東北の角にあたりて一つの別区あり、号けて衙頭という。衙頭とは政所なり、その中に一の石人あり。縦容に地に立てり、号けて解部という……」

解部という裁判組織があった。大陸伝来の組織とみられる「衙頭」は大将軍の本営ととれる。近畿王国にはない大陸伝来の組織である。磐井の独自政治組織である。

磐井の反乱の疑問

一般的な疑問を示す。

- 継体天皇の二十一年、近江毛野臣は軍六万で任那に渡るとするが、兵士の数が多すぎる
- 磐井は以前から反逆の心があり、乱を起こした。反逆の動機が乏しい

●継体は物部麁鹿火らに命じて筑前に派遣した。継体が総力をあげるほど強力であり、反乱が六〇〇キロメートル離れた所で起こっている

●子供の筑紫君葛子は父の罪に坐して殺されることをおそれ、糟屋の屯倉をたてまつって継体と和睦した。戦争後も磐井の王国は存続した。通常の戦いではおこらない

●敗けた磐井が確固とした古墳を築いたこと。逆に継体の陵は確定していない

上：磐井君の陵とされている岩戸山古墳
下：岩戸山古墳の石人・石馬

疑問を細かく分析・検討していく。

①「紀」の記事は一部不明確であるが、「継体天皇は社稷の存亡にかかっている」として、乱をおさえる理由として、「四国をおさえて職務を果たせぬように半島の国の貢物をおさえている」とする。これらを改めて解釈すれば次がいえる（古田武彦『失われた九州王朝』）。

●磐井は筑紫を中心にして肥前、肥後、豊前、豊後に勢威をふるっていた
●半島の国々は天皇家に対して朝貢などをしておらず、磐井は自主独立していた
●高麗、百済、新羅などは磐井を日本列島の代表としてとらえていた。そこへ遣使していた。
年毎の貢ぎ物を何年もあざむき受領できない

「東アジアにおいて日本列島の代表の王者として現実に遇せられていたのは、磐井王朝だった」近畿王国からは磐井は不当であり、反逆している。しかし、磐井とすればあたり前のことである。

②「記」では「筑紫君石井」であるが、「紀」では「筑紫国造磐井」とする。子供については「筑紫君葛子」とする。『筑後国風土記』には「上妻の県、県の南二里に筑紫君磐井のはか有り」とする。

国造は地域の豪族に与えられ、大和王権の支配体制にくみこまれた職務とされる。しかし「記」や「風土記」では「筑紫君」である。

その真の意味は、九州および中国地方の一部の王ととれる。その証拠として、王権の最有力者である物部麁鹿火をあてていること、そのとき、長門より東の方は継体が治め、筑紫より西は将軍が統治せよとするのは、逆にとれば「長門より西は独立的な王国」である。

この領域は倭の五王の武の上表文において「毛人の国を征すること五十五国、西に衆夷の国

を征する六十六国」と直接つながる。

また、磐井およびその祖先が国造であったか確実ではない。日本の古代国家の形成は七世紀以降に本格化する。磐井が大和王権の国造であったが確証がなく、独立的な王ととれる。

さらにこれらを考える（古田史学の会『古代に真実を求めて』第十集など）。

③「外は海路を遮断して高麗、百済、新羅、任那などの国が貢物を運ぶ船を欺き奪い」とする。

- 朝鮮半島からの舟が大和に行けないようにしている
- 外国からの貢物を奪っている
- 一豪族が半島諸国の貢物を何年も奪うことは許されないし、相手国も気づかないはずはない。当初から磐井との通商品ととれば理解できる
- 半島諸国は正式には倭の王として磐井を交渉相手としていた。地理的に近く、倭の五王ともつながる
- 継体は戦いの前年に磐余（大和）に都している。その翌年に継体に強固な力があったととれず、近畿王権が列島を代表する王権ともとれない。外交についても確固とした力がみられない

④磐井は大和からの毛野臣に対して
●今は朝廷の使者になっているが、昔は仲間である
●すぐに従うわけにいかない
このとり方として、毛野臣はもとは九州王権下にいた。磐井とも知り合いであった。

⑤「紀」では磐井は近江毛野臣の六万の軍の渡海をさえぎったとするが、大和から派遣された物部の軍が磐井と戦ったとき、その六万の大軍が記されていない。仮に五十人乗りとした場合、一二〇〇隻になる。
●八〇〇キロも離れた地域に六万の軍が渡るとする。事実が疑われる
●この軍は九州王国主体ともとれる
この疑いは確証がない。しかし「紀」の記事に作為が感じられる。例として「紀」の記事について『芸文類聚』(唐代史料)の「長門以東は朕が、以西は大連」は、これからの丸写しである(藤田友治ほか『ゼロからの古代史事典』)。

⑥物部麁鹿火を任命するとき、「長門より東は継体が、筑紫より西はお前がとれ」とするのは、支配領域の分配についていっており、いいかえると、中国地方西部と九州は継体の支配地でなかった。つまり、継体側の九州征討軍であり、磐井からみれば侵略軍である。九州は独立して

いた。
⑦継体側は総力をあげている。戦いは一年半かかったとする。これは磐井の力がきわめて強力であったことを示す。
⑧乱後において子供の葛子は糟屋屯倉を献じて死罪をまぬがれたとする。「筑紫君」として九州を支配し、その一部の領地を献じたにすぎない。地位は保全され、独立国の状態は続いていた。これが多利思北孤の倭国とつながっていった。少なくとも磐井の王国はなくなっていないと「紀」は記す。

⑨『筑後国風土記』を引用する。
「上妻の県、県の南二里に筑紫君磐井の墓墳あり。高さ七丈、周六十丈なり。墓田は南北各々六十丈、東西各々四十丈なり。石人石馬各々六十枚、交陳なりて行を成し、四面に周匝れり。東の方に当りて一つの別区あり。号けて『衙頭《がとう》』という。衙頭とは政所なり。其の中に一石人有り。縦容にして地に立てり。号けて『解部《ときべ》』という。前に二人有りて裸形にして地に伏せり。号けて『偸人』という。生けりし時に猪を偸みき。よりて罪を決められむと擬う」

衙頭は「紀」に記録がないだけでなく、中国の使い方は「将軍」もしくは「将軍の本営」である。さらに政所なりとするので行政組織でもあった。さらに「解部」という独特な裁判機構をもっていた。それらを示す「別区」もある。古墳は戦争以前からの独自組織を示す。

継体王権と磐井との関係

これらを総合的にとらえて、九州と中国地方の一部に九州王国があり、独立国であり、半島（特に新羅）とも大きな関係をもっていた。二国間の戦争であり、反乱でない。

- 九州及び中国地方の一部に独立国である九州王国があった。外交も独立的に実施していた。その王国と継体との戦争である
- 磐井の戦争の後も葛子は生存するので、九州王国は保全されていた
- 倭の五王―磐井―多利思北孤と九州に独立的な王国があった。このようにとれば各種の史料に矛盾が生じない
- 「紀」では近畿王国と半島諸国との交渉が何度も記されているが八〇〇キロメートルもあり、事実が疑われる。北部九州には百済、新羅と国交があったとみられる。八〇〇キロメートルの往復のみでも容易ではない
- 山城や神籠石などからみても太宰府や久留米地区を拠点とする王権があった。また多くの古墳もこれを補強する。古墳についても横穴式や装飾は独自であり、当時の近畿のものより先進的である。太宰府も王権の都ととれる
- 磐井の墓は明確であるのに、継体は太田茶臼山（大阪府茨木市）と今城塚（大阪府高槻市）

とあり、確定していない。また大和の豪族との抵抗があり、墓も大和にない。神宝も刀と鏡であり、従来の王権とのつながりがうすい。「紀」からは磐井の力の方が確固としている

四　戦後の列島の国

磐井の戦争は一年半で終わった。

戦争直後に近江毛野臣は半島に渡った。しかし、すぐに百済側と対立した。また、援助するはずであった任那の軍に追われ、対馬で死亡した。

近畿政権側の半島政策は失敗したことになる。

欽明二十三（五六二）年に新羅は加羅全域を併合領有化した。「紀」ではこの事を「任那官家の滅亡」とする。なお、すでにみたように任那はなかったとする説もある。

「紀」では、磐井を「国造」とするが、八世紀の国造について次のことがのべられる。（田村円澄ほか『磐井の乱』）

●役職の名称――律令制の一国範囲の国家的祭事を扱う役職

●資格の称号――神祇官が任命する特定の個人の公的資格、一郡範囲の特権的資格

国造は六七〇年頃から整備されるもので、六世紀に国造による全国統一は証明されない。

九章　『隋書』からの九州王国

一　国のありさま

はじめに『隋書』での国名は「俀国」である。これは王の自称国名ととれる。「俀」は「よわい」ということであり、その意味は仏教に帰依し、軍事力が弱く、農業立国をめざしていた。

俀国＝倭国とすることについて

●倭国は百済、新羅の東南にあり、水陸三千里、大海において山島によりて居す

●その地勢、東高く、西下り、邪靡堆《やまたい》に都す。即ち、魏志にいわゆる邪馬台とする者なり（九州北部の地勢）

●倭の奴国が朝貢し、王として卑弥呼あり

これらは『後漢書』「倭人伝」でのべる邪馬台国の後代の国ととれ、この国を九州王国（倭国）

といえる。

開皇二十（六〇〇）年俀王、姓は阿毎《あま》、字は多利思北狐《たりしほこ》、阿輩《あはい》の雉弥《きみ》と号す。使いを遣わして闕に詣《いた》る。

上、所司をして其の風俗を訪《と》わしむ。使者言う。俀王天を以て兄と為し、日を以て弟と為す。天未だ明けざる時、出でて政を聴くに伽趺して坐す。日出ずれば、便ち理務を停め、云う「我が弟に委ねん」と。『隋書』

天を兄にして、日を弟にすることは兄弟による政治とみる考え方があり、それを補うものとして年号の中に「兄弟」（五五八〜五五九年）があるとする。しかし、六〇〇年は「兄弟」の時代と離れており、兄（天）―王―弟（日）とすることであり、豊かな農業をめざして、天と日にその成行をまかす政治思想であり、兄と弟による政治でない。

伽趺するのは仏教の祈りのときの結伽趺坐であり、坐禅の正しいすわり方である。仏教についてあとの部分で「仏教を敬す」とする。

「王の妻、雉弥と称す、後宮に女六・七百人有り。太子を名づけて利と為す」

「内宮には十二等有り。一に大徳と曰い、次に小徳、次に大仁、次に小仁、次に大義、次に小義、次に大礼、次に小礼、次に大智、次に小智、次に大信、次に小信、員に定数無し。

軍尼一百二十人有り。猶中国の牧宰のごとし。八十戸に一伊尼翼を置く。今の里長の如きなり、十伊尼、翼一軍尼に属す」

軍尼——一二〇人、一軍尼——十伊尼翼

伊尼翼——八十戸、一戸＝四人とすると、推定人口は約三十八万人になる。ほかの部分で戸十万ばかりとする。

「軍尼」について「紀」の国又は郡ととれない。「伊尼翼」も「稲置」ととれない。近畿王国にこの名称はなく、近畿王国の設置した官職でなく、それとは独立した国の行政単位である。

刑法として次を示す。

殺人、強盗、姦する者——死

盗む者——贓を計りて物を酬いしめ、財ない者奴とす

自余（その他）——流刑又は杖にする

文字なし、唯だ木を刻み、縄を結ぶのみ

仏法を敬す。百済において仏経を求めてから文字を知るようになった。

「死者を斂《おさ》むるに棺槨《かんかく》を以てし」これは当時、北九州で主流になった横穴式石室とみる。それまでの前方後円墳と異なり、追葬できた石室である。

二　所在地

所在地に関する部分を抽出する。
はじめに次がある。
●帯方郡から一万二千里である（九〇〇〇キロメートル）
●倭国は百済、新羅の東南に在り、水陸三千里、大海の中において山島による
●魏志にいう邪馬台である
●女子有り、卑弥呼と名づく
ここまでの部分で、九州に位置していた。

具体的に行程にかかる部分を抽出する
①百済に渡る
②竹島に至り
③南に䑺羅国を望み
④都斯麻国を経て大海になり（都斯麻＝津島）
⑤又、東して一支国に至る（又東至一支国）

⑥又、竹斯国に至る（又至竹斯国）
⑦又、東して秦王国に至る（又東至秦王国）
⑧又、十余国を経て海岸に達す　竹斯国より以東、皆倭に附庸す
先行動詞があって至るとするのが、主線行程であり、この用法は「倭人伝」に用法があり、⑤⑥⑦は傍線行程である。
⑨十日後に郊労を受け都に至る
⑩阿蘇山あり（九州にある）
⑪その地勢、東が高く、西に低い（北部九州の西半部の地形）
⑫小環をもって鸕鷀《ろじ》の項にかけ、水に入れて魚を捕らしむ（う飼のことを示す）
⑬死者を収むるに棺槨をもってす（北部九州の風習、追葬できる横穴式石室）
⑭魚の眼精をもって如意宝珠とす（海洋民の信仰）
東に壱岐を経て筑紫に至る。さらに十余国（生月島、平戸島、北松浦半島、長崎半島、島原半島など）を経て有明海沿岸に達した。この基部から十日後に都に至った。筑後平野と熊本平野をその候補地とできる。しかし、熊本平野に直接七世紀の都とみられる遺跡がみられない。基部から約一二〇キロメートルで久留米である。久留米について次が確認されている（古田史学の会編『九州年号の研究』など）。
●九州年号入りの祝詞（原本）が発見され、「正倉院」の記述が『久留米市史』所収の「筑後

国交替実録帳」の中で確認された

●「筑後国交替実録帳」には正院と宮城大垣を示す、久留米の都城の性格を推定できる

さらに四〇キロメートルほどで太宰府がある。

●紫宸殿、大裏、朱雀門の名が残っている

●太宰府は都督府とも呼ばれ、倭の五王の首都ととれる。武の除正名と直接つながる。「不丁」は府庁のことである

●都府楼は王朝の都のことである

●年号倭京（六一八～六二二年）も久留米都城と関係する

三　近畿王国との関係

王の名は「多利思北孤」であり、男性である。近畿王国の当時の王は推古であり、女帝である。

官位について六〇〇年頃に十二階あるが、その順は徳、仁、義、礼、智、信とする。近畿王国について天智十二（六〇三）年にはじめて冠位を制定したとするが、その順は徳、仁、礼、信、義、智であり、順序が異なるから、別の国のものととれる。

それぞれの外交について対比する。

西暦	倭国（九州王国）	在位年（西暦）	近畿王国（大和国）
六〇〇年	使を遣わし闕に詣る。		
六〇七年	「日出ずる処の天子」の国書を提出（隋国あて）	推古十五（六〇七）年	小野妹子を大唐に遣わした。
六〇八年	文林郎裴清を遣わす。	推古十六（六〇八）年	裴世清と妹子が筑紫についた。 裴世清の帰国、妹子の再派遣
		推古十七（六〇九）年	妹子の帰国
		推古二十二（六一四）年	犬上御田鍬らを大唐に遣使
		推古二十三（六一五）年	御田鍬の帰国

次の事実がある。

● 倭国の訪問先——隋
近畿王国——大唐（「紀」では隋と唐と分けて記す）

● 「日出ずる所云云」の文書は「紀」にはない

● 隋国の使者は文林郎裴清《はいせい》であり、派遣先は北九州の倭国である。大唐の使者は裴世清《はいせいせい》である。明らかに異なる名前である

● 最も不可解なことは、妹子が百済国を通ったとき、百済人が国書を掠めとったとすること

であり、「紀」の記事の真偽が疑われる

●隋は（五八九〜六一八年）であり、唐は六一八年以降であり、「紀」の記事そのものに疑いが生じる

列島の国の使者の訪問先も訪問年も異なり、中国の使者の名前も異なる。「日出ずる所の天子云云」の文言もない。異なる国の別のことか、又は「紀」の記事の中国史料からの盗用も疑われる。

タリシホコは鴻臚館で使者を慰労したとみるが、そのあとが福岡市中央区にある。太宰府、大水城と近く一体的に考えうる。

十章　九州王国の存在

一　九州年号

年号の例

九州王国の存在を示すものは多い。

九州年号について最初にふれている史料は、鶴峯戊申の『襲国偽僭考』とみられる。

「継体天皇十六年、武王年を建て善記といふ。是九州年号のはじめなり」

「年号、けだし善記より大長にいたりて、およそ一百七十七年、其間年号連綿たり。麗気記私抄、また、海来諸国記などにもこれを載せ、今伊予国の温泉銘にも用ひ、如是院年代記にも朱書して出せり。しかれども、諸書載るところ異同多し、今あはせしるして参考に備ふること左のごとし。

善記、襲の元年、継体天皇十六年壬寅、梁晋通三年にあたる、海東諸国記、善化につくる」
九州年号と明確にいっていないが、「紀」と異なる年号を示した書はきわめて多い。所功氏は別紙（図表10－1）の例を示す。

図表10―1　「古代年号」一覧表

二中歴	海東諸国記	如是院年代記	襲国偽僣考	元年干支	日本書紀天皇年代	西暦
①継体	ナシ	ナシ	ナシ	丁酉	継体十一	五一七
②善記	(1)善化	1善記	1善記	壬寅	〃十六	五二二
③正和	(2)正和	2正和	2正和	丙午	〃二十	五二六
④教到	(3)発倒	3教到	3殷到	辛亥	〃廿五	五三一
⑤僧聴	(4)僧聴	4僧聴	4僧聴	丙辰	宣化元	五三六
⑥明要	(5)同要	5明要	5明要	辛酉	欽明二	五四一
⑦貴楽	(6)貴楽	6貴楽	6貴楽	壬申	〃十三	五五二
⑧法清	(7)結清	7法清	7法清	甲戌	〃十五	五五四
⑨兄弟	(8)兄弟	8兄弟	8兄弟	戊寅	〃十九	五五八
⑩蔵和	(9)蔵和	9蔵知	9蔵和	己卯	〃二十	五五九
⑪師安	(10)師安	10師安	10師安	甲申	〃廿五	五六四
⑫和僧	(11)和僧	11知僧	11知僧	乙酉	〃廿六	五六五
⑬金光	(12)金光	12金光	12金光	庚寅	〃卅一	五七〇

⑭賢称	(13)賢接	13賢称	13賢棲	丙申	敏達五	五七六
⑮鏡当	(14)鏡当	14鏡常	14鏡常	辛丑	〃十	五八一
⑯勝照	(15)勝照	15勝照	15勝照	乙巳	〃十四	五八五
⑰端政	(16)端政	16端改	16端政	己酉	崇峻二	五八九
⑱告貴	(17)従貴	17吉貴	17吉貴	甲寅	推古二	五九四
⑲願転	(18)煩転	18願転	18願転	辛酉	〃九	六〇一
⑳光元	(19)光元	19光充	19光元	乙丑	〃十三	六〇五
㉑定居	(20)定居	20定居	20定居	辛未	〃十九	六一一
㉒倭京	(21)倭京	21和景縄	21和京	戊寅	〃廿六	六一八
㉓仁王	(22)仁王	ナシ	22仁王	癸未	〃卅一	六二三
ナシ	(23)聖徳	22聖聴	23聖聴	己丑	舒明元	六二九
㉔僧要	(24)僧要	23僧要	24僧要	乙未	〃七	六三五
㉕命長	(25)命長	24命長	25命長	庚子	〃十二	六四〇
㉖常色	(26)常色	25常色	26常色	丁未	孝徳三	六四七
㉗白雉	(27)白雉	26白雉	27白雉	壬子	〃八	六五二
㉘白鳳	(28)白鳳	27白鳳	ナシ	辛酉	斉明七	六六一
㉙朱雀	(29)朱雀	28朱雀	28朱雀	甲申	天武十二	六八四
㉚朱鳥	(30)朱鳥	ナシ	ナシ	丙戌	〃十四	六八六
㉛大化	(31)大和	29大化	29大和	乙未	持統九	六九五
ナシ	(32)大長	30大長	30大長	戊戌	文武二	六九八

（出典：所功著『年号の歴史』1996年）

李鐘恒氏は和漢年代記、皇代記、二中暦、麗気記私抄、海東諸国記、如是院年代記、春秋暦略、塩尻、万葉緯、衡口発、和漢年契、古代年号、襲国偽僣考、清白士集、紀元通略、茅窓漫録、逸年号考、靖方溯源の十八の史料を示して、具体的な年号を表（図表10－2）にしている。

古田武彦氏は一部名称などについて不確としても、具体的な九州年号を示す（図表10－3）。

図表10－2　古代年号表

	善記	正和	教到	僧聴	明要	貴楽	法清	兄弟	蔵知
和漢年代記						○	○	○	○
皇代記	○	○	○	○	○	○	○	○	○
二中暦	○	○	○	○	○	○	○	○	○
麗気記私抄	○	○	○	○	○	○	○	○	○
海東諸国記	○	○	○	○	○	○	○	○	○
如是院年代記	○	○	○	○	○	○	○	○	○
春秋暦略	○	○	○	○	○	○	○	○	○
塩尻	○	○	○	○	○	○	○	○	○
萬葉緯	○	○	○	○	○	○	○	○	○
衡口発	○	○	○	○	○	○	○	○	○
和漢年契	○	○	○	○	○	○	○	○	○
古代年号	○	○	○	○	○	○	○	○	○
襲国偽僣考	○	○	○	○	○	○	○	○	○
清白士集	○	○		○	○	○	○	○	○
紀元通略	○	○			○		○		○
茅窓漫録	○	○	○	○	○	○	○	○	○
逸年号考	○	○	○	○	○	○	○	○	○
靖方溯源	○	○	○	○	○	○	○	○	○

師安	知僧	金光	賢称	鏡常	勝照	瑞政	告貴	願転	光充	定居	倭京	仁王	聖徳	僧要	命長	常色	大和	大長
○	○	○	○	○	○	○	○	○	○	○	○	○	○	○	○			
○	○	○	○	○	○	○	○	○	○	○	○	○	○	○		○		○
○	○	○	○	○	○	○	○	○	○	○	○	○		○	○	○		
○	○	○	○	○	○	○	○	○	○	○	○	○	○	○	○	○		
○	○	○	○	○	○	○	○	○	○	○	○	○	○	○	○	○	○	○
○	○	○	○	○	○	○	○	○	○	○	○		○	○	○	○		○
○	○	○	○	○	○	○	○	○	○	○	○	○	○	○	○	○		○
○	○	○	○	○	○	○	○	○	○	○	○	○	○	○	○	○		○
○	○	○	○	○	○	○	○	○	○	○	○	○	○	○	○	○	○	○
○	○	○	○	○	○	○	○	○	○	○	○	○	○	○	○		○	○
○	○	○	○	○	○	○	○	○	○	○	○	○	○	○	○	○	○	○
○	○	○	○	○	○	○	○	○	○	○	○	○	○	○	○		○	
○	○	○	○	○	○	○	○	○	○	○	○	○	○	○	○	○	○	○
○	○	○	○	○	○	○	○	○	○	○	○	○	○	○	○	○	○	
○		○			○	○	○		○	○	○	○	○				○	○
○	○	○	○	○	○	○	○	○	○	○	○	○	○	○	○	○	○	○
○	○	○	○	○	○	○	○	○	○	○	○	○	○	○	○	○	○	○
○	○	○	○	○	○	○	○	○	○	○	○	○	○	○	○	○	○	○

（出典：李鍾恒著『韓半島からきた倭国』二〇〇〇年）

図表10－3　「九州年号」対比表（最初の年号「継体」は『二中歴』による）

西暦	干支	天皇代	年号
五一七	丁酉	継体一一	継体
五二二	壬寅	〃一六	善化
五二六	丙午	〃二〇	正和
五三一	辛亥	〃二五	発倒
五三六	丙辰	宣化　一	僧聴
五四一	辛酉	欽明　二	同要
五五二	壬申	〃一三	貴楽
五五四	甲戌	〃一五	結清
五五八	戊寅	〃一九	兄弟
五五九	己卯	〃二〇	蔵和
五六四	甲申	〃二五	師安
五六五	乙酉	〃二六	和僧
五七〇	庚寅	〃三一	金光
五七六	丙申	敏達　五	賢接
五八一	辛丑	〃一〇	鏡当
五八五	乙巳	〃一四	勝照
五八九	己酉	崇峻　二	端政
五九四	甲寅	推古　二	従貴
六〇一	辛酉	〃　九	煩転
六〇五	乙丑	〃一三	光元
六一一	辛未	〃一九	定居
六一八	戊寅	〃二六	倭京
六二三	癸未	〃三一	仁王
六二九	己丑	舒明　一	聖徳
六三五	乙未	〃　七	僧要
六四〇	庚子	〃一二	命長
六四七	丁未	孝徳　三	常色
△六五二	壬子	〃　八	白雉
六六一	辛酉	斉明　七	白鳳
六八四	甲申	天武一二	朱雀
△六八六	丙戌	〃一四	朱鳥
六九五	乙未	持統　九	大和
六九八	戊戌	文武　二	大長
△七〇一	辛丑	〃　五	大宝
〈以下略〉			

注：△印は『日本書紀』出現のもの。ただし「大化」は出現しない

（出典：古田武彦著『日本古代新史』二〇〇〇年）

僧などの創作

最初の年号は継体十一年の継体、又は継体十六年の善化である。「紀」からみてきわめて中途

半端な年に年号をおいている。近畿の王権とは関係がない。そのうえで、これを個人が制定する理由が皆無である。別の組織が作ったとしか考えられない。個人が作ったのではない。多くの史料があり、個人が作る根拠がない。

僧などが大化以前の年号を机上で盗作したとすれば、何のために大化以前にかぎらず、大化（六四五年）以後にも常色、白雉、白鳳、朱鳥、大和、大長などと作ったか説明できない。特に、大化、白雉には大和年号があったのだから、新規に創作する理由がない。この年代の大和年号との関係が示されている（李鐘恒『韓半島からきた倭国』など）。

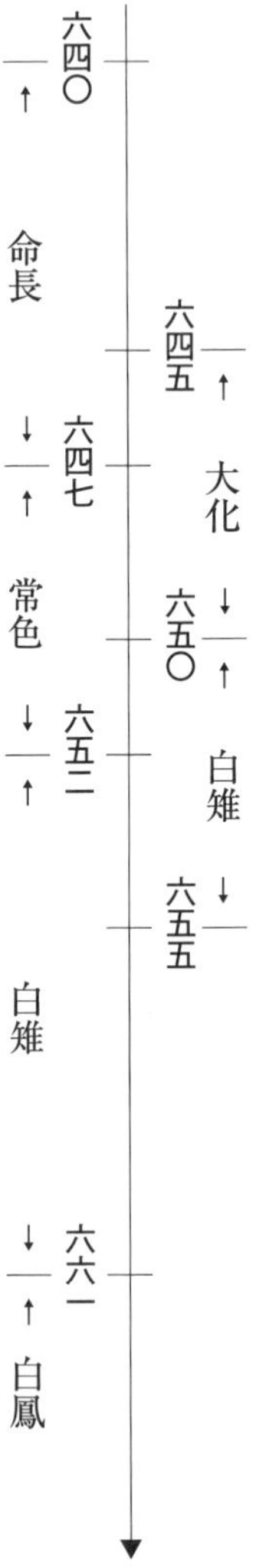

別の王国が作ったものを記録したとしか考えられない。

鶴峯はのべる。

「継体天皇十六年、武王、年を建て善記という」

その終末について

「大長、文武天皇二年戊戌、大長元年とす」

そしてその引用は九州年号と題した古写本とする。九州年号のもとになったものが江戸時代にあったとみられる。

「紀」との関係

「紀」において年号の成立について記す。
①孝徳天皇元（六四五）年、大化元年とした［大化五年まで継続］
②大化六（六五〇）年に白雉元年と称した［白雉五年まで］
③天武天皇十四（六八六）年、朱鳥元年と称した［元年のみ］
④文武天皇五（七〇一）年、大宝元年と称した［大宝を建元した］
改めて、九州年号との対比を示す。

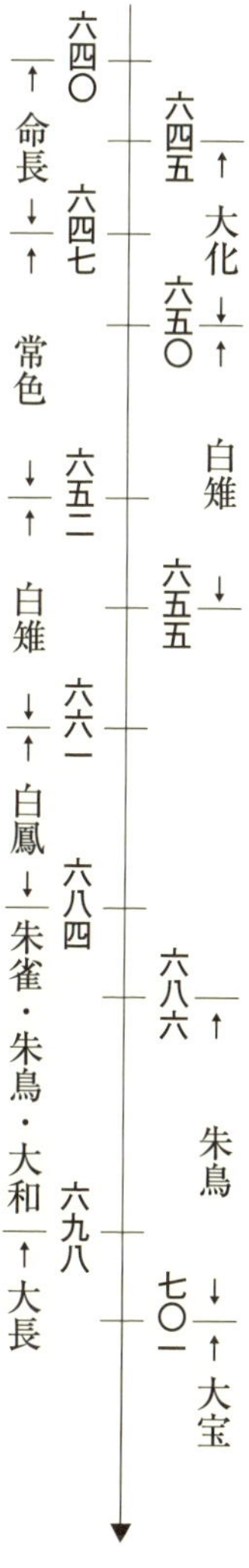

- 六四五年の大化制定時に九州年号はあった。命長である
- 大和年号は断続的であるのに、九州年号は五一七～六九八年まで継続している
- 九州年号のうち、近畿王国の王の元年に制定したとみられるのは僧聴、聖徳以外ない。これは偶然に一致したとみられる。大和年号と異なる年号があった。大和王国なら王の即位年に制定する
- 七〇一年以降は異なる年号はない。列島の国が日本国として統一されたからである

大和年号と異なる年号は継続しており、七〇一年以降二つの年号はない。日本国として統一されたからである。事実、『旧唐書』も倭国と日本国が統一されたと記す。『続日本紀』からも統合は実証できる。

九州年号について『続日本紀』は記す。

聖武天皇の神亀元（七二四）年に次の詔がでた。

「白鳳以来、朱雀以前のことははるか昔のことなので、調べ明らかにすることはむずかしい。また、役所の記録にも粗略のところが多くある。そこで今回、現在の僧尼の名を確定して、それから公験を支給せよ」。

このとり方として僧侶たちが白鳳とか朱雀以前からこうだったとしているが、不確である。だからそれを確認してから公験を支給せよとする。すなわち、白鳳、朱雀の年号があったこと

を示す。大和年号にはなく、白鳳は六六一年に始まり、朱雀は六八四年から始まっている。

九州年号の使用例

兵庫県神戸市に明要寺があり、寺の創立として示す（古田武彦『日本古代新史』）。

明要元年　辛酉、三月三日

干支の辛酉と年号の明要（同要）がピッタリと一致している。

木簡に九州年号の痕跡がある（古田史学の会『九州年号の研究』）。

一九九六年に芦屋市三条九ノ坪遺跡から次の木簡がみられた。

子卯丑□何　（以下欠）

三壬子年□　（以下欠）

「木簡研究」第十九号

このうち「三壬子年」をよく調べると、「元壬子年」であり、九州年号の白雉元年壬子（六五二）とピッタリ照合している。木簡が九州年号の存在を示している。

このほか、貴楽二年創立、白鳳十八年創立、知僧三年創立、定居元年などの文字が寺社の史料から確認でき、貴楽、白鳳、知僧、定居などの年号がわかる（古田武彦『日本古代新史』）。

さらに筑後地方の九州年号使用例はきわめて多い（例：善記――『大善寺玉重宮縁起』、朱雀――『高良山雑記』）。

九州年号は実在し、それを制定した九州王国が推定できる。

九州年号の使用開始理由

倭国は五〇二年頃より中国の南朝と交流しなくなる。そのため南朝の年号を使用しないで、自国の年号を始めた。それが継体（五一七年）である。

大宝建元

七〇一年以降、二つの年号はなく、大宝として統一されている。近畿王国と九州王国が統一されたからである。『旧唐書』は倭国はその名を改めて日本と為すとする。さらに「倭国伝」と「日本国伝」があり、『新唐書』では、「日本伝」のみであり、「倭の名を悪み、更めて日本と号す」とする。

二　山城

山城とは

九州、四国、中国地方では、山の中腹や頂上部分を石塁や土塁で囲んだ大規模な山城が多数見つかっている。確認されたものの名称と所在地を示す。（図表10－4、5）

専門家はこれらの山城を朝鮮式山城と神籠石系山城の二つに分けている。その区分の考え方は、神籠石系のものは白村江以前のものとし、朝鮮式のものはそれ以後とする。

しかし、一九六三年のおつぼ山神籠石について発掘調査がなされ、どちらも共通点が多く山城とされた。ほぼ同時期に作られ、本質的なちがいはないとする。

①高良山神籠石（福岡県久留米市）

筑紫平野に対して突出した耳納山地の西端部にあり、大野城、基肄城、阿志岐山城、帯隈山神籠石、女山神籠石を見通すことができる。

高良山の西側斜面にそびえる五つの峰をつなぐように馬蹄形に構築されている。その城壁は全長二・五～三キロメートルにも及ぶ。城内面積は約三五万五〇〇〇平方メートルにもなる。

列石は石材をノミなどで表面を平らにして方形にし、これを一段に直列に並べている。

城の北西には前身官衙と呼ばれる大形の建物が発見されている。建物の近くには堀状遺構や大溝などが掘削されている。付近は交通の要所で有明海方面からの侵入を防ぐ軍事施設ととれる。高台にあり、筑後平野および有明海方面を見通せる。

②大野城（福岡県太宰府市、大野城市）
北に開口したU字型にのびる四王寺山の尾根線に沿って外周六・八キロメートル、二重部を入れると八・二キロメートルにも及ぶ地壁で囲まれた城である。

地形的には太宰府の北方の海からの敵を防ぐ位置にあり、付近には水城跡がある。

概要を示す（藤田友治ほか『ゼロからの古代史事典』）。

「標高四一〇メートルの大城山と四王寺山脈を活用し、北に谷をとりこんで、馬蹄形状に城塁をめぐらす内郭だけの、全周ですら六・五キロメートルにも及び、さらに北と南に二重の土塁の外周の総延長八キロメートルをはるかに超える。土塁は前部に厳重な石塁と石垣を築き、後部には幅約八メートル、高さ二メートルの土塁と版築工法で幾重にも固めて築造している。頂上部の城内にはおびただしい数の生活用、軍用の倉庫群が立ち並んでいた」
●巨大な工事を二、三年で築造できない
●天智紀の築造はすでにあったものの、補修ととれる。当初からの建設でない

図表10－4　山城一覧

山城名	所在地		「紀」の記録有無
1 高安城	近畿	奈良県生駒郡平群町	○
2 三尾城	〃	滋賀県高島市	
3 城山城	〃	兵庫県たつの市新宮町	
4 大廻小廻城	中国	岡山県岡山市草ケ部	
5 鬼城山城	〃	岡山県総社市奥坂	
6 茨城	〃	広島県福山市蔵王町	
7 常城	〃	広島県福山市新市町	
8 石城山城	〃	山口県光市塩田	○
9 屋島城	四国	香川県高松市屋島町	○
10 城山城	〃	香川県坂出市西庄町	
11 永納山城	〃	愛媛県西条市河原津	
⑫御所ヶ谷神籠石	九州	福岡県行橋市津積	
⑬鹿毛馬	〃	福岡県飯塚市鹿毛馬	
14 大野城	〃	福岡県太宰府市、大野城市	○
15 怡土城	〃	福岡県糸島市高祖	
⑯雷山神籠石	〃	福岡県糸島市雷山	
17 金田城	〃	長崎県対馬市美津島町	○
⑱杷木神籠石	〃	福岡県朝倉市杷木林田	
⑲高良山神籠石	〃	福岡県久留米市御井町	
⑳女山神籠石	〃	福岡県みやま市瀬高町	
㉑帯隈山神籠石	〃	佐賀県佐賀市久保泉町	
㉒おつぼ山神籠石	〃	佐賀県武雄市橘町	
23 基肄城	〃	佐賀県三養郡基山町	○
24 鞠智城	〃	熊本県山鹿市菊鹿町米原	
㉕唐原神籠石	〃	福岡県築上郡上毛町	
㉖宮地岳神籠石	〃	福岡県筑紫野市阿志岐	

注：数字の○は神籠石
(出典：「歴史散歩」NO. 20、久留米市教育委員会)

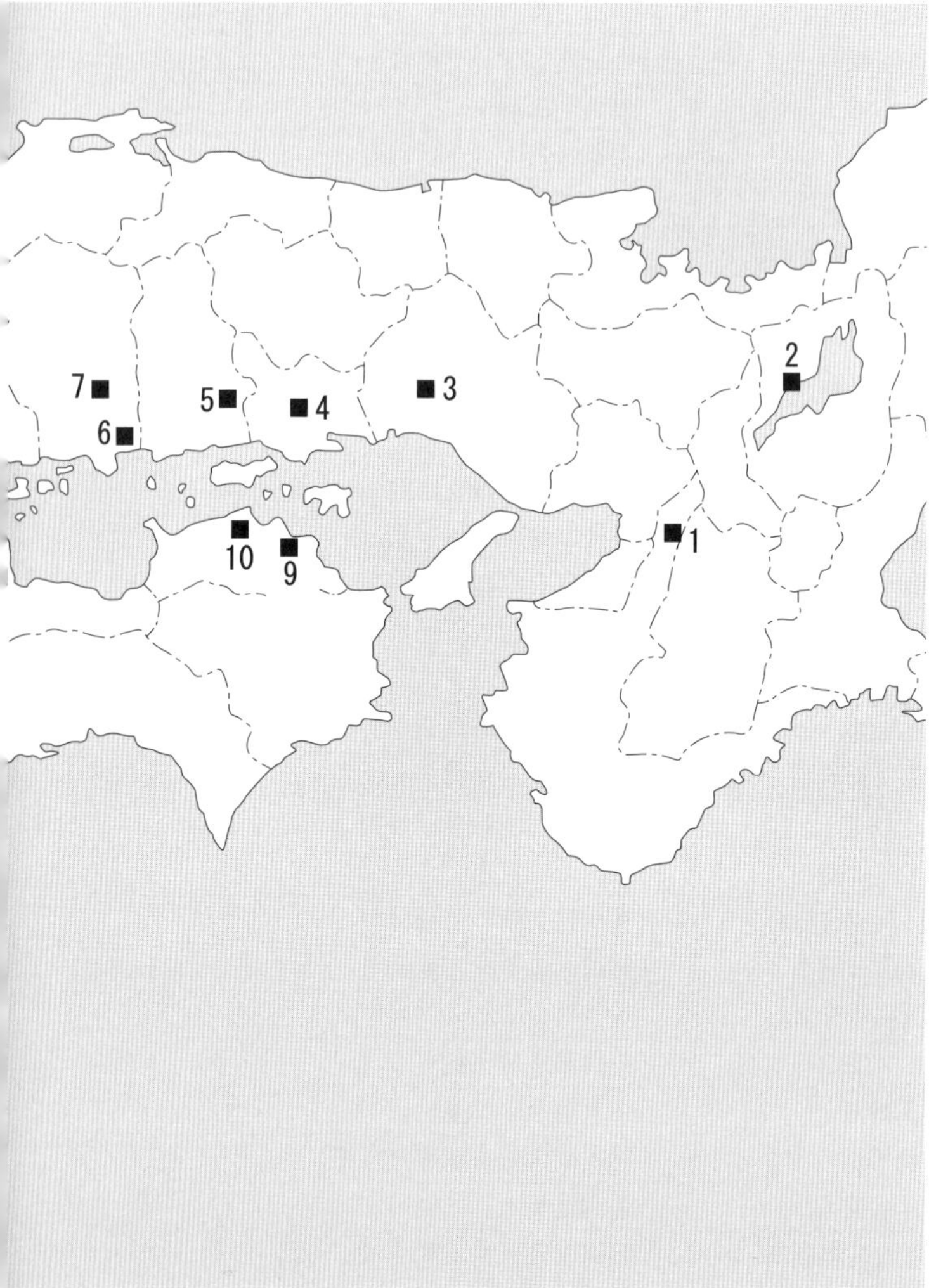

図表10－5

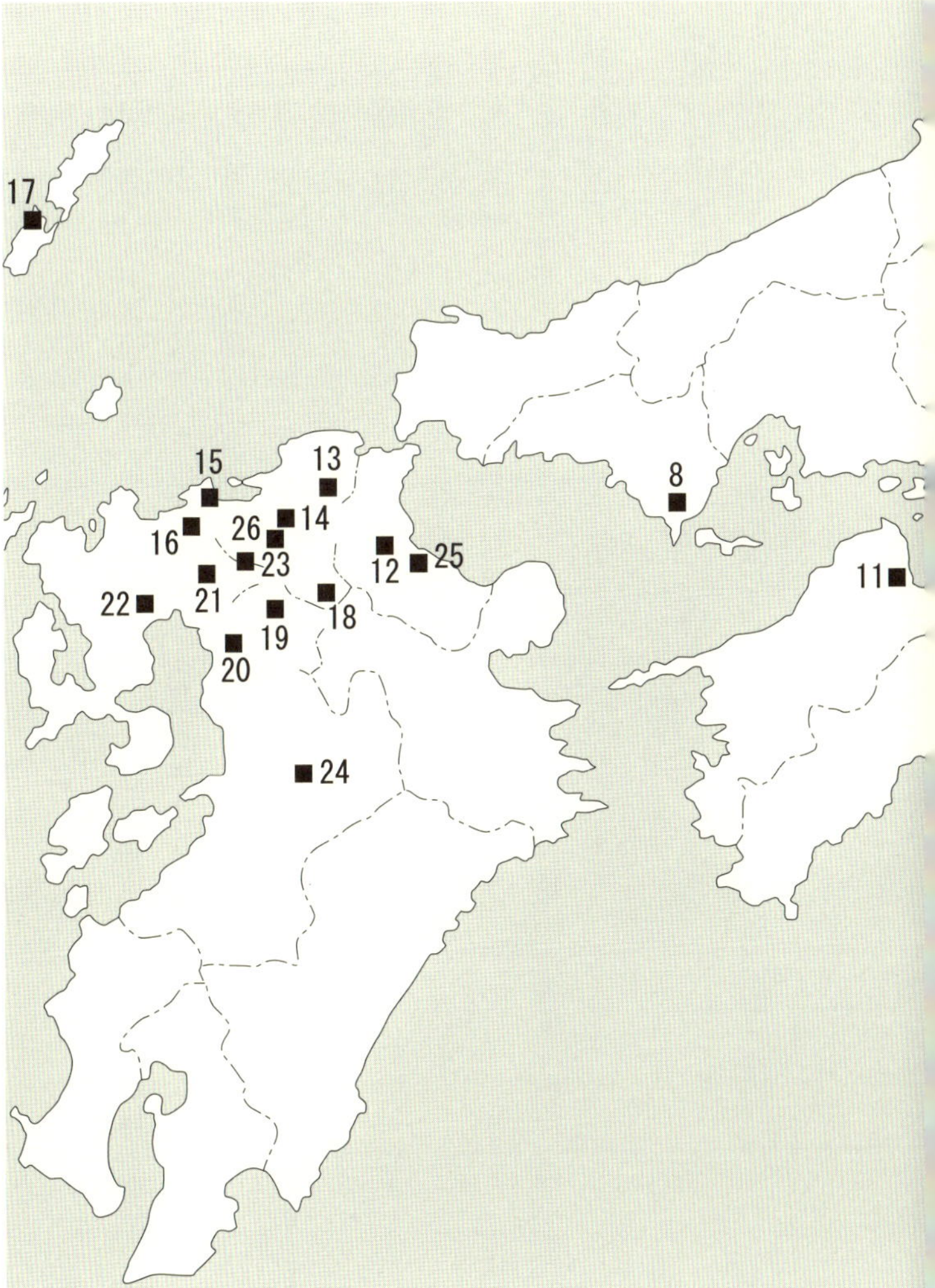

（出典：「歴史散歩」ＮＯ20、久留米市教育委員会）

●一九九七年、太宰府の水城や対馬の金田城の土塁の放射性炭素（C_{14}）の年代測定から五～六世紀に建設されたとする

土塁は高さ四～五メートル、城外側斜面の傾斜は六〇度以上ある。敵兵の侵入を防ぐために急傾斜にした。そして延長八キロメートルにも及ぶ長大な城壁が一三〇〇年以上も残ってきた事実から、きわめて強固に作られた。その工法として「版築」がある。

六〇度以上にも及ぶ斜面を階段状に切り取って、可能な限り平坦面を確保する段切りをする。そのうえで表面をしっかりと固め、まず最初に下部に基礎盛土をして敷石をのせ、さらにその上に外盛土および版築状盛土をする。城壁をくずす原因として水があるので、粘土、砂、石などを慎重に配合し、粘土の遮水と砂の通水をうまく組合せて作成している。

さらに土塁には列石が確認されている。

土塁のめぐらせ方も折れ構造をとり、方向を変えるときには一定角度で曲がっている。

城門跡は八カ所あり、倉庫群があった。

③阿志岐山城（福岡県筑紫野市）

太宰府の南東の山城であり、宮地岳の北斜面にある。城塁の周囲約三・六キロメートルである。

基底石に列石を積み重ね、さらにその上に版築土塁を盛り土している。土塁は急斜面にある。列石が二段になっている所が多く、その石の下に一五〜二〇センチメートルほど飛び出した平たい石材が列石を補強している。

盛り土が流れ出すのを防ぐため、割栗石を列石の基礎に使い、盛り土の前面に粘土を多く使っている。

鹿毛馬神籠石。谷部には暗渠式の水門が2カ所で発見されている

④その他

〈鬼ノ城〉岡山県総社市

東門に続いて西門、南門、北門の四カ所の城門が発見されている。東門での礎石は「唐居敷」と呼ばれるものである。大野城や金田城でも発見されている。

〈御所ヶ谷神籠石〉福岡県行橋市

高さ五メートルの積み上げた土塁があり、盛り土はきわめて硬く叩きしめられていた。

〈鹿毛馬神籠石〉福岡県飯塚市

版築により高く三メートルに築きあげた城塁が確認された。土塁を築く際の枠組を建てた柱穴が列石の前面にあった。

〈おつぼ山神籠石〉佐賀県武雄市
柱列穴はゆるい孤を描いて約三メートル間隔で並んでおり、神籠石山城の技術の高さを示す。

位置図

九州地区の神籠石について石城山、御所ヶ谷、鹿毛馬、杷木、高良山、女山、雷山、帯隈山、おつぼ山、唐原をプロットした図（図表10－6）を示す。図中のα（太宰府）を囲んでいるようにとれる。これに大野城や基肄城を入れても同様であり、太宰府や久留米地区を防備している。図（図表10－7）を示す。

久留米周辺の事実として次が指摘されている。（古田史学の会『九州年号の研究』）

- 九州年号入りの祝詞（原本）と筑後の「正倉院」の記録が久留米市史（第七巻）に見い出された
- 正倉院文書（奈良）の正税帳において「筑後国」の部では白玉、紺玉、縹玉、緑玉、赤勾

図表10－6　神籠石分布図

①石城山神籠石
（山口県熊毛郡大和町）
②御所ヶ谷神籠石
（福岡県行橋市津積）
③鹿毛馬神籠石
（福岡県飯塚市鹿毛馬）
④杷木神籠石
（福岡県朝倉市杷木林田）
⑤高良山神籠石
（福岡県久留米市御井町）
⑥女山神籠石
（福岡県みやま市瀬高町）
⑦雷山神籠石
（福岡県糸島市）
⑧帯隈山神籠石
（佐賀県佐賀市久保泉町）
⑨おつぼ山神籠石
（佐賀県武雄市橘町）
⑩唐原神籠石
（福岡県築上郡上毛町）

（出典：古田武彦著『奪われた国家、君が代』2008年）

玉などほかに類がない産物が献上されている

●献上品の収蔵から二つの収蔵庫が推定される

買取り前－筑後第一正倉院（久留米市）

買取り後－現在の正倉院（奈良市）

次が推定される。太宰府と久留米に王権にからむ重要な施設があった。

さらに次が確認できるとする（「筑後国交替実録帳」などによる）。

太宰府から、紫宸殿、大裏、朱雀門

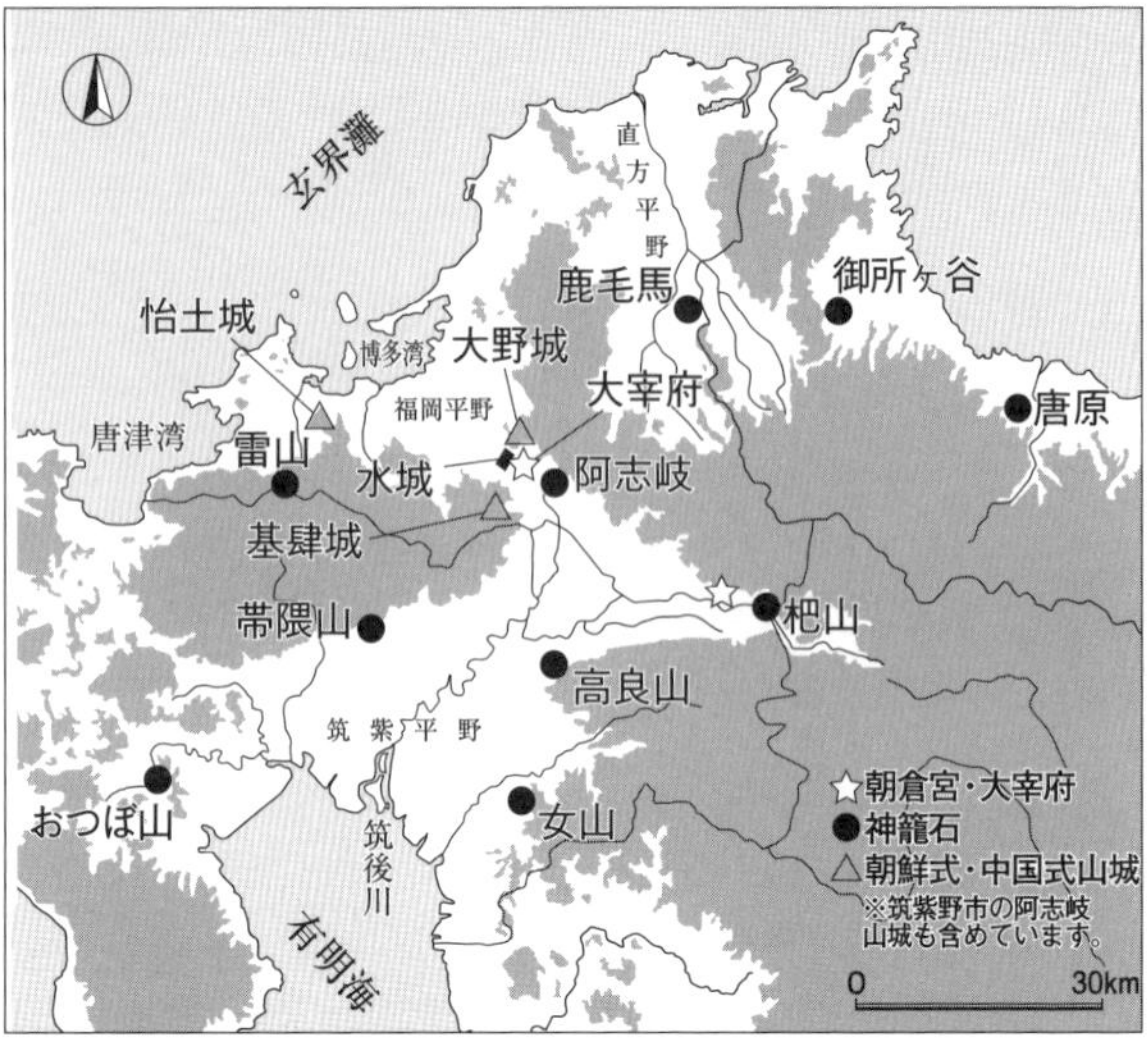

図表10－7　北部九州における神籠石と朝鮮式山城の分布

（出典：『高良山神籠石と七世紀のくるめ』2009年）

久留米から、宮城、正院、正倉院、宮城大垣そして「正院」と「正倉院」は「崇道天皇」の造営によるとする。二つの場所に王権の拠点地があった。半島での戦いのための都の一部を移した。倭京（六一八年）は一つの参考となる。

「紀」との関係

別紙（図表10－8）の記事をみても山城について、はっきりと築造したとするのは推定分を入れて

高安城　長門城
屋島城　大野城
金田城　基肄城

の六城のみである。あとのものについてふれていない。特に神籠石にはのべていない。

①大部分の山城について近畿王権が築いたのか疑問が生じる。特に「紀」の記事は白村江の戦いのあとで唐の使いも来ており、直後に唐との国交も回復され、大型な施設を築く理由がみ

年（西暦）	記事
天智3（664）年	対馬、壱岐、筑紫国などに防人と烽をおいた。筑紫に大堤を築いて水を貯えた。水城といった
天智4（665）年	人を遣わし、大野と椽に二つの城を築かせた 長門国に城を築かせた
天智6（667）年	倭国高安城、讃岐国山田郡の屋島城、対馬国の金田城を築いた
天智8（669）年	天皇は高安山に登って城を築くことを相談されたが、築造はされなかった 高安城を造った
天智9（670）年	長門に一城、筑紫に二城を築いた（所在地不明）

図表10－8　「紀」の山城取得記録

注：白村江の戦いもおわり、唐の使者も来日している中での城の構築は理解しにくい。当初の取得は白村江以前である

あたらない。その政治状況もない。

②その位置として北九州を中心としている。太宰府を守るとしても大量な山城を設置する状況がない。取得期間についても二～三年で取得できる規模でない。長期の戦争や対立に対して国を守る施設のようにとれる。

改めて「紀」の記録を抽出する。

天智二（六六三）年、白村江の敗戦
天智三（六六四）年、冠位の増設をした
　　　　　　　　　　郭務悰《かくむそう》が来て表函と献物を奉った
天智四（六六五）年、唐が劉徳高等を遣わした。
この中に郭務悰がいて九月に筑紫に着いた
天智六（六六七）年、都を近江に移した
天智七（六六八）年、皇太子は天皇に即位した

天智十（六七一）年、倭国の捕虜の送還、郭務悰が来日（九州まで）
これらの記事の中で劉徳高と郭務悰が来ている。これは敗戦処理および反対勢力の監視である。その一方で大型の軍事施設の取得は認められないし、唐に対する防御もありえない。
政治的には敗戦があり、都を近江に移しており、取得の政治状況がない。
白村江以前に九州王国が取得したとすれば率直に理解できる。半島の国との対立・抗争があった。五世紀〜七世紀中頃である。

③取得時期
対馬の金田城の取得について
天智六（六六七）年対馬国の金田城を築く。
しかし、一九九七年に土塁の中から古い土塁がみつかり、中から炭化物二点が出た。その年代として
五四〇〜六三〇年
五九〇〜六五〇年
となり、金田城は近畿政権が手を入れる前に築城された。六六七年の築城は考えられない（内倉武久『太宰府は日本の首都だった』）。
大野城についても「紀」からは天智四（六六五）年になるが、城門の柱を年輪年代法により

調べると六四八年頃になる。白村江以前の取得となる。

④山城の分布

近畿王権にはっきりと関係するものは生駒山系における高安城しかない。近畿王権を守るためとしたら、近畿に多くの城を築くはずである。分布をみると

近畿三、中国五、四国三、九州十五、計二十六

であり、大部分のものは太宰府と久留米地区を防備しているようにとれる。

九州王権があり、半島での戦いに備えて、長期間に取得したとみる。城の取得に長期間要し、相互の対立があったからである。

加えて、近畿王権との対立に備えた。

⑤百済の都・泗沘と太宰府の比較

泗沘と太宰府を比べると、防衛施設が類似している。

- 山城と土塁（泗沘）、山城と水城（太宰府）で防備
- 錦江を利用している。太宰府の場合、筑後川、御笠川および海を防備として利用している
- 山城には倉庫があり、長期の戦いに耐えうる

百済との国交があった九州王国が築いた。百済からの技術者が指導したとする説もあるが、

当時、唐の使者が来ており、取得の政治状況がない。天智以前に九州王国が長期間かけて取得したと推定される。

三　太宰府

都督府

太宰府の北方に大水城があり、南部にも水城ととれるものがあり、三郡《さんぐん》山地に大城、宮地岳のふもとに阿志岐山城があり、背振山地に基肄城がある。略図（図表10－9）を示す。太宰府を防備しているようにとれる。

太宰府の史跡に都府楼があり、倭の五王の「府を開き、云云」と直接つながる。「紀」に「筑紫都督府」の名称がでる。

天智天皇六（六六七）年

「十一月九日　百済の鎮将劉仁願は熊津都督府熊山県令上柱国司司馬法聡らを遣わして大山境部連石積らを筑紫都督府に送ってきた」

この記事の都督府は唐の倭国監視のためととれる。

都督の名称は倭の五王にからむ。何度も出てくるが、代表的なものは四七八年、倭王武は宋に入貢し、上表、自称して「使持節都督　倭、百済、新羅、任那、加羅、秦韓、慕韓七国諸軍事、安東将軍倭国王」とするが、除正は「使持節都督、新羅、任那、加羅、秦韓、慕韓、安東大将軍倭王」とされた。

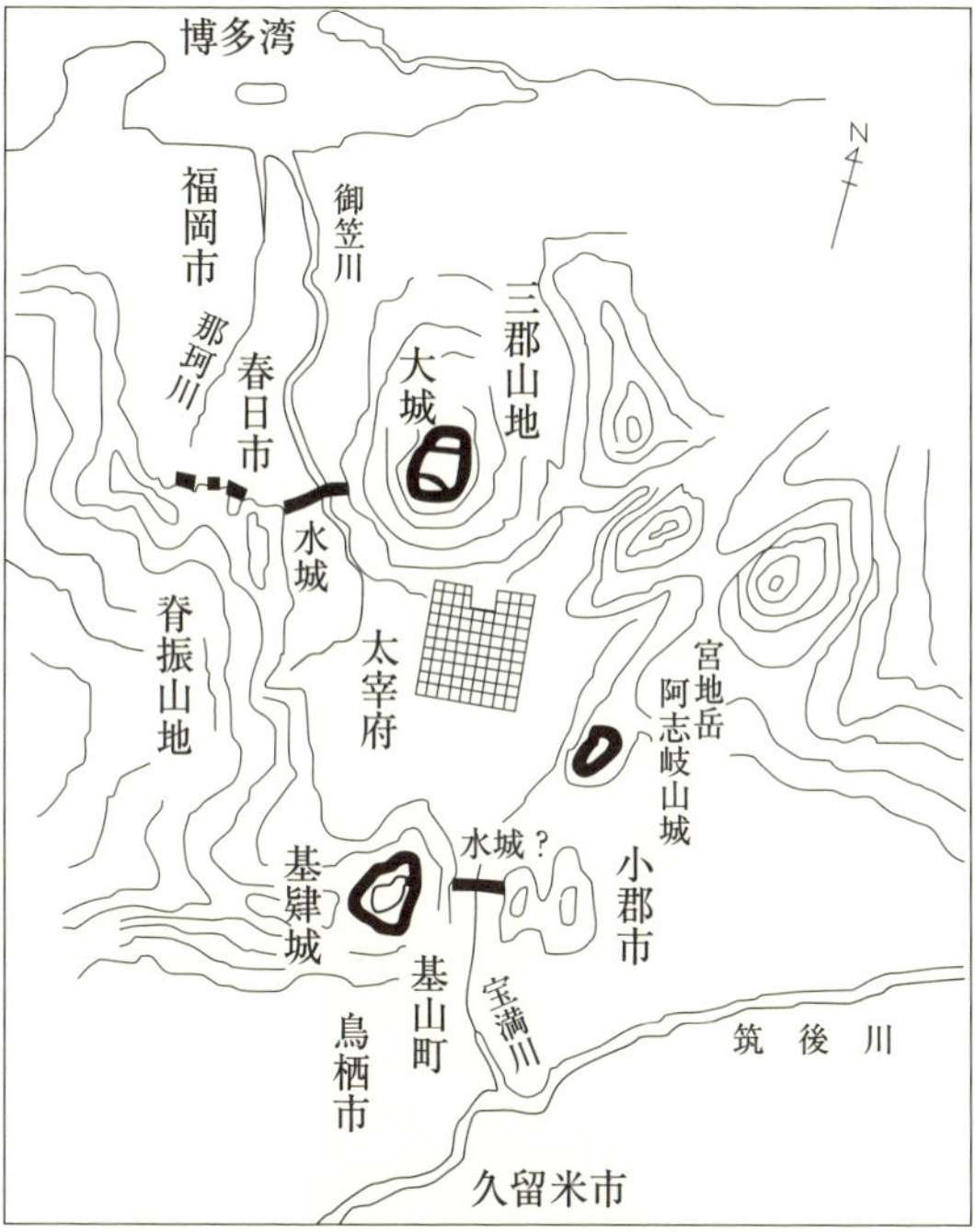

図表10－9　太宰府周辺の防衛網模式図
（出典：内倉武久著『太宰府は日本の首都だった』2003年）

ここから太宰府は七世紀頃まで都督府とされていた。都督は「都てを督いる」ことであり、これに任命されていたのは倭の五王のうちの済と武であり、「府」は「都督」のいた政治の中心地である。天子又はそれに近い王が太宰府にいた。

地名

地名には天子の所在地を示すものが多い。中心部に小字名「大裏」がある。天子が住んでいた宮殿を示す「内裏」である。

「不丁」の字名は「府丁」が転じた。

政庁遺跡は、かつて紫宸殿と呼ばれていた。紫宸殿は天子が政務をとる建物である。

太宰は中国の周王朝以来の「太宰」に由来する。中国王朝の臣下を名乗った「倭の五王」が名乗った（内倉武久『太宰府は日本の首都だった』）。なお、応神朝の王にこの位どりを示すものがない。

太宰府の建物

六六〇年、百済の首都泗沘は唐軍によって攻略されて百済は滅亡した。その百済を復興するものが白村江の戦いである。

- その泗沘と似た構造を持っている。白村江以後の政権が築城したととれない。それ以前のものである
- 倭国は倭の五王および多利思北孤の時代から半島の状勢と大きな関係を持っていた。そのために天智天皇以前に大規模な防衛施設を持っていた
- 倭国の王又は天子が居住する所であった
- 大野城や基肄城がある
- 水城があり、外敵に対して洪水を起こす

大宰府政庁跡。現在は公園として整備されている

●さらに神籠石の山城も確認できる
●政庁に向かって右手に、月山官衛、左手に蔵司官衛があり、南には日吉、不丁、大楠、広丸の官庁があった

天智以後、攻略された泗沘と類似したものを作ることはないし、取得にも大きな費用と年月を要する。唐の使節も数回来ている状況がある。

その建物について次が示される（古田史学の会『古代に真実を求めて』第十二集など）。

Ⅰ期　堀立柱建築遺構　三回の建て替え
Ⅱ期　礎石建物遺構　九四一年の藤原純友の乱で焼失
Ⅲ期　礎石建物　その後の建設

断片的であるが、建物について次が推定される。

●Ⅰ期の遺構がⅡ期の朝堂院建物の範囲と広がりを持つ
●Ⅱ期のような朝堂院的建物と異なる
●Ⅲ期の中門の地域において少なくとも三回の建て替えがなされた

●中門、回廊東北部の堀立柱建物や柵列には同一方向を持ったものがあり、Ⅱ期の朝堂的建物遺構群の方向ときわめて似ている

「堀立柱構造とはいえ、当時としては荘厳な威厳を持った建物群こそは倭国の大王が居住し、倭国を統師した中心的拠点、すなわち倭国の都が太宰府だったと考えられる」（前掲書）そして山城、水城がまわりに取得された。

太宰府政庁第Ⅱ期遺構出土の土器よりも、やや新しいとされていた朝倉市の大迫遺跡（九十五基の大葬基群）出土土器のC14測定値が

五九〇年±七十五年

とされる。ほぼ同じ時期とみられた七十八号八十四号もそれぞれ六〇〇年、五五〇年とはるかに古い測定値を示した（内倉武久『太宰府は日本の首都だった』）。

九州年号のうち、都の建設と関係があるものとして「倭京」（六一八〜六二二年）がある。

白村江以後に太宰府が建造されたことの疑問をまとめておく。

●山城や水城が多くの費用と年月をかけて作られたことは確実である

●天智期には唐からの使節が来ている。その前で大きな軍事施設の建設はありえない

●直後に唐との国交も回復している
●「紀」からは都を移し、敗戦処理もあり大規模軍事施設を取得する政治状況がない。大野城、水城、基肄城に囲まれた要塞都市であり、半島との関係が深い九州王国が築いた

四　水城

太宰府市と大野城市にまたがる最大の水城は、総延長一・二キロメートルあり、博多湾から南へ六キロメートル、東から三郡山地、西から背振山地が迫り、平野が最もせばまった部分をふさいでいる。侵略軍をここで防ぐ目的である。

小水城は本堤のほぼ半分の規模で計画され、現存するものとして、大野城市の下大利、春日市の大土居、天神山の三カ所がある。

①構造

一・二キロメートルの長大な土塁と濠、濠に水を流すための木製の樋からなる。土塁は最下部が幅八〇メートル、現在の高さは約一〇メートルである。

●大水城には　東西二カ所に門が設けられていた
●北の博多側には幅六〇メートルの堀があり、この堀へ導水する施設として土塁を横断する

全長1.2キロにわたる水城跡。唐や新羅の侵略から太宰府を守るために築かれた

木樋が三本出土している。敵の侵入を堀にためた水で防ぎ、高さ一三メートルという急激な角度をもつ土塁も城内に入れないようにする

● その土塁は基底部から粘土と山砂でつきかためる「版築工法」と、水城の下部の軟弱な地盤の滑りを抑えるため、境目に樹皮、木葉などをはさみこんだ「敷《しき》粗《そ》朶《だ》工法」が採用されている

②工期

九州歴史資料館によると、一年間でこの水城を完成させるのに延べ一一〇万人強の労働力が必要とする。二〜三年でできるものではない。

③小水城

天神山、大土居、下大利の築堤もそれぞれ長さが七〇〜八〇メートルであり、南方からの敵に備えている。大水城と一体的に考えるべきであり、太宰府を王城とする王権のものとすると、無理なく理解できる。

④築造年代

「紀」に「天智天皇三（六六四）年に築き、水を貯めた」とする。しかし、九州歴史資料館が土塁の基礎の木の枝を年代測定したところ、二四〇年、四三〇年、六〇〇年とされた。何回か造り直しされており、倭の五王の代に作られたとみる。

五　沖ノ島

「記紀」の伝承

沖ノ島は宗像市神湊から沖合六〇キロメートル、福岡から七七キロメートル、壱岐島から五九キロメートルの絶海の孤島である。

島の周囲は約四キロメートル、最高峰の一ノ岳は標高二五三メートル、島は断崖で囲まれている。その景観はまさに神宿る島にふさわしい。図（図表10－10）を示す。

宗像三女神は田心姫神、湍津姫神、市杵島姫神とされる。沖津宮、中津宮、辺津宮で宗像大社をつくる。

沖ノ島　　田心姫神　　沖津宮
大島　　湍津姫神　　中津宮　｝宗像大社
宗像市田島　市杵島姫神　辺津宮

沖ノ島は記紀神話にきわめて多く出る。

「天照大御神、まづ建速須佐之男命の佩ける十拳剣を乞ひ度して、三段に打ち折りて、瓊音《ぬなと》もゆらに、天の真名井に振り滌きて、さ噛みに噛みて、吹き棄つる気吹のさ霧に成れる神の御名は、多紀理毘売命。亦の御名は奥津島比売命と謂ふ」（「記」）

ここでの奥津島は「沖ノ島」であることは疑いない。

「その先に生れし神、多紀理毘売命は、胸形の奥津宮に坐す。次に市寸島比売命は胸形の中津宮に坐す。次に田寸津比売命は胸形の辺津宮に坐す。この三柱の神は胸形君等のもち拜く三前の大神なり」（「記」）

「この大国主神、胸形の奥津宮に坐す神、多紀理毘売命を娶《めと》して生める子は阿遅鉏高日子根神」（「記」）

「そこで天照大御神はスサノオの十握の剣を借りて三つに折って、天の真名井で振りすすいでカリカリとかんで吹き出し、その細かい霧の中から生まれ出た神を、名づけて田心姫といった。次に湍津姫、次に市杵嶋姫、皆で三柱の神である」（「紀」神代）

図表10－10　沖ノ島全図（『宗像沖ノ島』FIG. 1をもとに作成）
（出典：正木晃著『宗像大社・古代祭祀の原風景』2008年）

「白神が生まれた三種の女神を葦原中国の宇佐島に降らせられた。今、北の海路の中におい
でになる。名づけて道主貴という。これが筑紫の水沼君らの祭神である」（「紀」神代）
神話の中に「北の海路」又は「海北道中」のことばがでる。
宗像地方や博多湾から「海北」といえば、朝鮮半島南部方面を指す。すると「道中」は北部
九州と半島南部との海になる。宗像、博多湾、唐津湾などが古代の人々の活動地となる。
なお、『宋書』（倭国伝）における倭王武の上表文に「渡平海北九十五国」の海北も九州を基
点としている。
さらに、「紀」の応神、履中紀に次の記事がみえる。
応神　呉から来た阿知使主が胸形大神に工女を奉る
履中　筑紫においでになる三種の神が宮中に現れて「何故わが民を奪うのか」と言われた。
このあと皇妃が亡くなった。車持君が勝手な行ないをすることがわかり、「今から後、
筑紫の庫持部を掌ってはならぬ」とされ、あらためて三柱の神に奉られた
これらは応神、履中が九州の出身、又はそれと関係の深い王ととれる。
神話から次がわかる。
- 伝承は三女神がアマテラスとスサノオとの誓約《うけい》により誕生している
- 三女神は九州北部と半島南部との海路に鎮座する

●神の名は奥津島比売命であり、筑紫の近くで生まれたことからも、その神に関係する島は沖ノ島である
●筑紫の水沼君らの祭神である
●宗像（又は胸肩、宗形）君を首長とする豪族と関係する。王権と宗像の豪族との関係が深かった

沖ノ島では縄文、弥生時代の生活遺跡が確認され、土器、石器、魚、アシカの骨などが発見されるだけでなく、半島南部の土器の系譜を引くものがあり、早くから航海の目印となっていた。航海の安全を守る標識となるだけでなく、神の宿る島として崇めるようになり、神を祀る島となってきた。それが女人禁制となり、島で見聞したことを口外しない「不言様」となってきた。

祭場の形態の一つの推定年代として、

岩上	五遺跡	二十三遺跡	四〜五世紀
岩陰	十二遺跡		五〜六世紀
半岩陰・半露天	三遺跡		七〜八世紀
露天	三遺跡		八〜九世紀

と変化している。その確実な年代は大部分不明である。

岩上祭祀では、岩の上に臨時の祭壇が作られ、そこで祭祀がなされた。祭壇は神を降ろすときの依代であり、その中央に榊などをそなえ、神が降臨する。


三次調査の成果を引用する（古田史学の会『古代に真実を求めて』第十二集）。
●古代祭祀として最も古い岩上遺跡の遺構が明らかになった
●終末段階における露天遺跡が明らかになった
●岩上遺跡、岩陰遺跡、露天遺跡と変化した
●最盛を極めた古墳時代における祭祀遺跡は地元の宗像地方で作られたが、鏡や装身具の中に畿内からもたらされたものがある
●馬具、装身具、刀装、容器の中には、半島所産のものがある
●遠くは中国やササン朝ペルシャのものがある
遺跡の宝物はきわめて多彩であるだけでなく、古代王権のシンボルとみられる三種の神器がある。

具体的に宝物をみていく。

宝物

〈十七号遺跡〉

十七号遺跡はI号巨岩を中心とする岩上遺跡の一つであり、形態はテラス状で上部はとても狭い。古墳文化中期初頭（四世紀）のものとして沖ノ島祭祀が盛大であったことのしるしである。鏡、剣、玉が併せて出土。

● 鏡、変形方格規矩鏡七面、変形内行花文鏡三面、だ離鏡二面、変形文鏡一面、変形獣帯鏡二面、変形画像鏡二面、変形三角縁神獣鏡三面、変形きほう鏡一面（合計二十一面）全て国産ととれる。大きさとして最小一〇センチメートル、最大二七センチメートル

● 武器、鉄剣六口、有樋鉄剣一口、鉄刀五口

● 装身具、硬玉製勾玉など多数

鏡についての特長として次がある。

● 古墳文化屈指の多数出土古墳に肩を並べている

● この当時のものとして鏡を二十一面出土する祭祀遺跡が全国的に少ない。九州の古墳についてもない

● ある特定の場所から奉納された。これについて畿内大和王権からとするのが通説であるが、

六〇〇キロメートル以上あり実証されていない
●平原遺跡からは内行花文鏡など四面（大きさ径四六センチメートル）出土。それと同程度の価値をもつものが出土
●一豪族が独力で奉納できるものでなく、九州の王権が一括して奉納したとみる
「鏡を祭祀用具として使用する信仰形態は、奈良盆地の弥生時代には存在せず、もともと北部九州の弥生時代からの伝統であり、それが古墳時代に引き継がれていったものと考えると、沖ノ島の岩上遺跡における『鏡面を祀られるべき対象に向ける』という鏡の配置も『畿内中枢部における王権指導のもとに広がった取り扱いともいうべき副葬様式が沖ノ島祭祀遺跡でも祭祀様式の一つとして現れている』可能性はない」（前掲書）。
加えて、当時、刀剣類が鏡と鏡の間に鋒を鏡の中央に向けて配置されて出土した機内の古墳はない。

三種の神器や天孫降臨地などについて次を確認する。
●古代王権のシンボルである
●「記紀」神話に頻出する
●王陵に三種の神器が出土するのは、弥生時代では吉武高木、三雲、須玖岡本、井原、平原で全て北九州にある。沖ノ島との距離も近い

●天孫降臨でふれている地名として筑紫（竺紫）、日向、高千穂、クシフル峯、襲、笠沙、二上山などがあるが、それらを北九州に比定できる
●水稲、鉄器、絹などをみると、三世紀においては大和と比べて九州の方が先進的である。
●初代三陵は北九州にあったとみるしかない
　ニニギ　　　　筑紫の日向の可愛山稜
　ヒコホホデミ　日向の高屋山上陵
　ウガヤフキアエズ　西州の宮に崩ず。日向の吾平山上陵
●弥生時代において刀、絹、魏晋鏡の福岡県の出土は奈良県と比べて圧倒的に多い
●神武は九州から近畿へ東征している
岩上遺跡として、十六、十七、十八、十九、二十一号とあり、狭い岩の上に多くの宝物があるのもきわめて独自であり、近畿に類似なものがなく、そことの距離もきわめて遠い。近畿から、沖ノ島までくる事が不自然である。

〈十八号遺跡〉
●碧玉製管玉多数
●刀子などの鉄器
●三角線二神二獣鏡など七面（三角線二神鏡一面、変形三角縁唐草文様三神三獣鏡一面、変

形三角縁三神三獣鏡二面、きほう鏡片一、方格規矩四神鏡片一面、三角縁神獣鏡片一）

●鏡五個

●鉄剣一〇〇以上、鉄刀一八〇以上

●勾玉、管玉など多数

〈二十一号遺跡〉

岩陰遺跡の中でも豪華な出土品で知られる。

〈七、八号遺跡〉

●盤竜鏡など

●鉄剣、鉄矛など

●硬玉製勾玉など多数

●金製指輪、金銅製馬具類

●鉄製馬具類

〈五号遺跡〉

沖津宮社殿の裏手にある。

●金銅製竜頭
●金銅製雛形五弦琴
中でも金銅製竜頭、金製指輪、金銅製雛形五弦琴は、ほかで出土していない。九州王国の祭祀所となっていたとすれば、その宝物は理解できる。まぎれもない天子のシンボルである。

41基の古墳がある奴山・新原古墳群

中国でも皇帝の頭を竜頭といい、龍は権力のシンボルであった。
宮地嶽古墳からは金銅竜文透彫冠帽が出ている。『隋書』(倭国伝)に「楽に五弦の琴・笛有り」とする。その王国との関係がある。

九州王国の祭祀所

これらの宝物について近畿王国からの奉献物ととれない。
●邪馬台国は北九州にあり、倭の五王の拠点地は九州である。『隋書』の倭国も九州にあった。使節の旅程および阿蘇山ありとするので、九州の王国である
●黄金の竜頭が近畿から出土していない
●近畿から地理的に離れている。約六〇〇キロメートルあ

る

長く続いた王権がその北方の沖ノ島に祭祀所を持ち、宝物を奉献していたとすれば自然である。地理的にも近く、半島の文化を直接導入できる。「記紀」神話とも直接つながる。

津屋崎古墳群

胸像一族と沖ノ島とは関係があるとみられ、福津市の北部には壺型古墳（前方後円墳）が多くある。胸像一族の墓所ととれる。

●徳重本村二号墳（福岡県宗像市）、全長一八メートル、壺型古墳
●田久瓜ヶ崎一号墳（同右）全長三〇メートル、壺型古墳

津屋崎古墳群として福岡県福津市の海岸沿いに合計五十六の古墳群がある。

●新原・奴山二十二号墳、全長七五メートル、壺型古墳
●勝浦峯ノ畑古墳、全長九七メートル、壺型古墳

武器、武具、馬具、鏡が副葬されている

●須多田天降神社古墳、全長八〇メートル、壺型古墳
●宮地嶽古墳、直径三四メートル、円墳

副葬品として金銅製馬具、金銅製頭椎大刀二本、金銅製透彫冠

これらの古墳が直接近畿王権と関係があったようにとれない。特に馬具や金銅製透彫冠は大

陸との関係が深く、九州にあった王権との関係を示す。

六　横穴式石室と装飾古墳

前方後円墳（壺型古墳）

はじめに前方後円墳にふれる。

①その起源について、福岡県に初期のものがある。古墳について、九州と近畿とを比較した表（図表10－11）を示す。名称は横からみる壺型古墳が正しい。

②南朝鮮との類似性

南朝鮮の栄山江流域に十三基の前方後円墳があるが、その様式や出土品が北部九州と一致している（正木裕「九州王朝論の新展開」二〇一一年九月、久留米大学講演会）。五世紀末に出現し、六世紀初に消滅している。倭の五王との関連がある。類似点を示す。

- 横穴式石室であり、平面長方形で平天井を呈し、立柱石と腰石を配する。時には石室にも赤色顔料がみられる
- ゴホウラ製貝釧《かいくしろ》（腕輪）、両耳付壺、鋸歯文《きょしもん》土器が出土している

③巨大性から全国統一をいえない。

分類		前期古墳（綜合的に見て）	三雲・南小路	須玖・岡本	井原・ヤリミゾ	有田・平原	近畿中心
			北部九州中心				
副葬品	鏡	多数の鏡副葬	●	●	●	●	●
		方格規矩鏡			●	●	●
		内行花文鏡				●	●
		大型仿製鏡				●	●
	武器	武器の副葬	●	●	●	●	●
		鉄　刀			●	●	●
		鉄　剣			●	○	●
		巴形銅器			●	○	●
	玉類	丁字頭勾玉	○	●	○	●	●
		管　玉	●	●	○	●	●
		丸玉・小玉			○	●	●
	合	鏡・武器・玉の三器	●	●	○	●	●
内部構造		割竹形木棺				●	●
		棺に朱塗布	○	●	●	●	●
		無　槨	●	●	●	●	●
外部構造		盛　土				●	●
		墓　域				●	●
占地		丘陵上				●	●
		見晴し				●	●

● 存在　○ 他から存在の考えられるもの

図表10－11　古墳文化への連続
（出典：原田大六著『実在した神話』1998年）

④後進性

魏の大帝は「帝王だからといって人民に過大な負担をかけることは許さない」とした。「紀」によると、六四六年（大化二年）「古の葬礼は丘陵の上に墓を作り、封土と植樹もなかった。棺は朽ちはせるのにたれればよい」とする。その後進性が明らかにされてきた。

ここで大古墳の実態を示しておく（永井正範「Ｆｉｅｌｄから見た九州王朝」二〇一三年八月、久留米大学講演会）。

六世紀初までの大古墳について
（二〇〇〇メートル以上）近畿三十四　九州〇　他三　　計三十七
（一五〇メートル以上）　近畿十二　　九州一　他十四　計二十七
大古墳は五世紀までに作られ、六世紀以降で大型のものは河内大塚山・三三五メートル、奈良見瀬丸山・三一八メートル、摂津今城塚・一九〇メートル、愛知断夫山・一五一メートル、計四古墳
九州では岩戸山古墳・一三五メートル、石人山古墳・一一〇メートル（北九州）、女狭穂塚古墳・一七五メートル（南九州）が大きい。
その後進性が認識されてきた。そのうえ、通常のものでは追葬できないが、北九州において追葬できるものができ始めていた。

横穴式石室

九州を窓口にして導入された。五世紀の倭の五王との関連がある。大陸系墓制で家屋を思わせる横口構造で、首長夫婦や直系親族の追葬を可能にした。朝鮮に多くの例がある。列島では玄海灘沿岸に最初に導入された。

〈谷口古墳〉佐賀県唐津市浜玉町

全長七七メートルの壺型古墳の円部に横口式石室が東西に並列し、各々に長持形石棺が埋置されている。半島南部へ派遣された軍人の墓とみられる。

〈石人山古墳〉福岡県広川町

横口式家形石棺である。円部に石棺を安置し、方部に開口する。

〈江田船山古墳〉熊本県和泉町

横丘に横口式家形石棺を直接埋葬している。全体の型は壺型古墳。

ほかの例として、瑞王寺古墳（筑後市、五世紀中頃）、老司古墳（福岡市南区、五世紀前半）、鋤崎古墳（福岡市西区、五世紀初）。

装飾古墳

装飾古墳は全国で六百基ほどあるが、東北、関東（約一四〇基）、大部分は九州で、近畿にはほとんどなく、九州に主なものがある。九州の分布図（図表10－12）を示す。五世紀頃始まった。

装飾がある埋葬施設は箱式石棺、舟形石棺、家形石棺、横穴式石棺であり、装飾は石棺の内

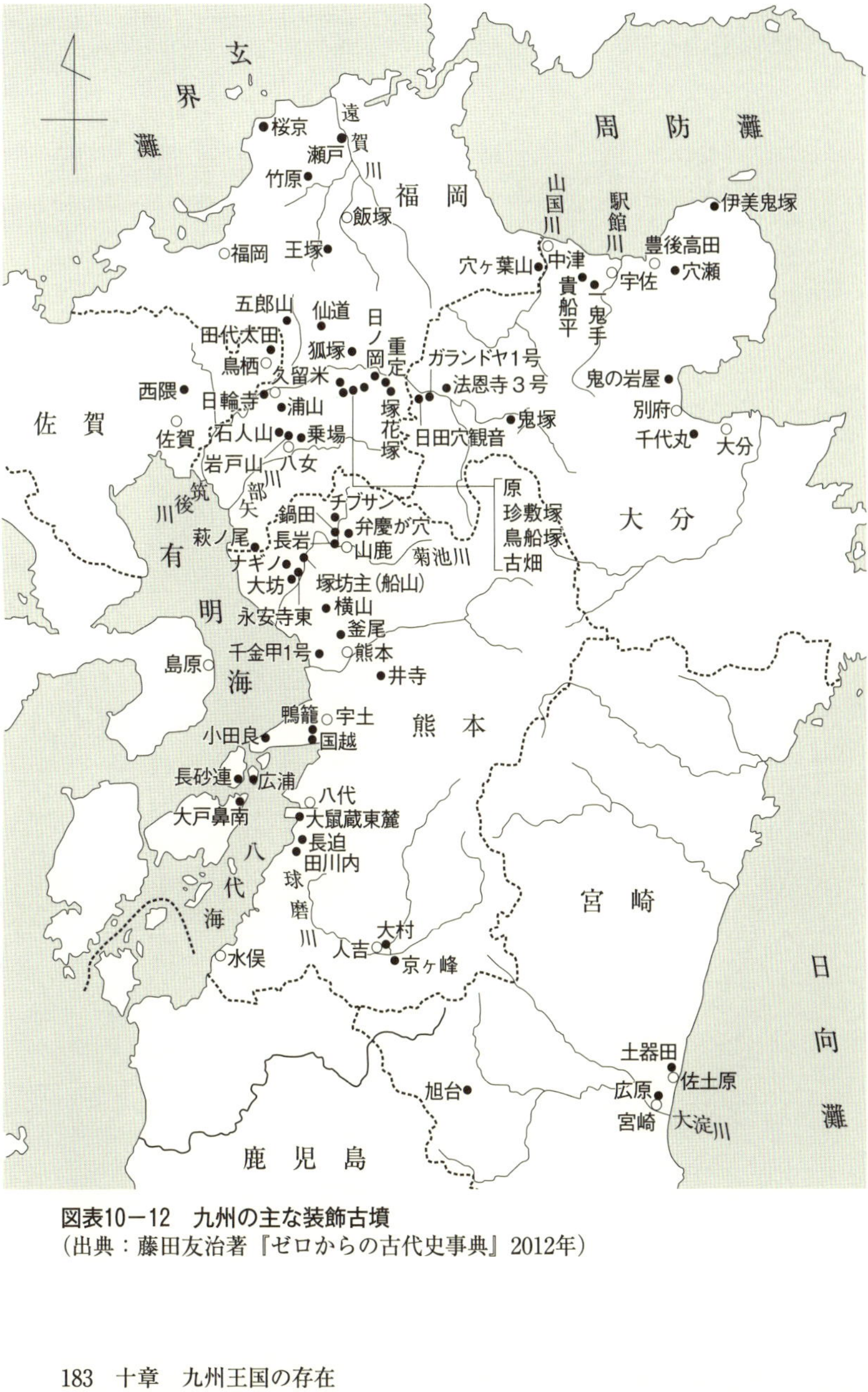

図表10－12　九州の主な装飾古墳
（出典：藤田友治著『ゼロからの古代史事典』2012年）

外面、石室の内面などに絵画や幾何学的文様を施している。装飾の技法は彫刻と彩色があり、彫刻は浮き彫りと線刻がある。彩色は赤、黄、白、青、緑、黒の顔料を塗る。

最古のものは八代、天草地域にある。箱式石棺と横穴式石室があり、内部に大刀、鏡、短甲などが浮き彫りされている。

出現後、まもなく直孤文という相交わる対角線を中心に複雑な孤線の組み合せが生まれた。六世紀に入ると、彩色が主体となり、分布は福岡県、佐賀県、大分県と広がる。筑後川、菊池川、白川、球磨川などに広がり、そこには筑紫の君、火の君などの古代豪族の拠点地であり、高句麗などの壁画文化を受け入れしたと推定される。五世紀～六世紀に近畿と異なる文化圏があった。

〈石人山古墳〉福岡県広川町

福岡県における最古のものとされ、棺ぶたに直孤文、円文を浮き彫りした横口式家形石棺を納めている。直孤文は直線、弧線を組み合せた文様である。五世紀中頃とされる。

〈浦山古墳〉福岡県久留米市

五世紀後半、石棺内の奥壁、側壁を三段に区画して円文、直孤文を線刻で施す。

〈王塚古墳〉福岡県桂川町

横穴式石室は玄室奥沿いに石屋形を組む。彩色壁画は石室形のみならず、石棚、玄室各壁と天井、玄門内外に赤、黒、緑、黄、青の五色の顔料で描かれている。

装飾古墳、石人石馬、横穴式石室は五、六世紀の近畿と異なる王権を推定させる。

十一章　白村江の戦い

一　半島の状勢と白村江の戦い

唐の三国和親（六四二～六四七年）

この頃の列島の国の動向は疑問が多い。
●九州王国と近畿王国が並立してあったのではないか
●敗退した近畿王国は滅びず、天皇の責任論もなく、唐との国交を回復している
●『旧唐書』では倭国伝と日本国伝と分けているが、「新唐書」では日本伝のみである
●薩野馬とは何者であるか。逆に近畿の将軍クラスの死が記されていない
はじめに半島の状勢と白村江の戦いをみる。これは従来からの通説による

西暦	唐、倭国、日本国	新羅、高句麗、百済
642年		百済、新羅の40余城を侵犯
643年	三国和親を三国に示した	新羅、百済と高句麗の領土侵犯を唐に訴えた。三国和親を示した
653年	倭国、百済と結ぶ	
654年	遣唐使に対して、新羅救援を示す	百済、倭国と通好し、唐との対立を選ぶ
655年		唐の高句麗征討再開
659年	遣唐使は百済征討をひかえて唐に止めおかれた	
660年	百済遺民、百済復興運動を伝えた	唐、百済を攻めた。百済滅亡 百済復興運動開始
663年	白村江で敗戦、軍隊2万7千人を送る（第一次派遣軍）	百済、倭国は唐と新羅連合軍に敗れる
668年		高句麗滅亡
671年	唐の武将、筑紫に至る 筑紫君、薩野馬帰国	
676年		新羅により半島統一
690年	博麻帰国	

図表11－1　白村江の戦い関連年表

六四三年、新羅が唐に百済、高句麗の領土侵犯を訴えたが、唐は三国和親を示した。

高句麗は隋の征討を受けたことがあり、唐に対する警戒心が強く、唐に対して敵対する行動を選んだ。

新羅においては、唐に依存する意見と新羅の自主性を重んじる意見が対立した。

ここで略年表を示しておく。（図表11－1）

新羅の唐風化

新羅では親唐自立派を中心に王権強化に努めた。しかし、唐の高句麗征討が失敗に終り、六四八年に百済に十余城を奪われ、王都慶州に迫る勢いを示されると、新羅は危地となった。内部では唐との統合を強め、六四九年以降、唐風化の方針を進めた。百済は六五一年に高宗から新羅との和解を指示され、従わない場合には征討もありうるとしたが、六五三年倭国と通好し、唐との対立を選んだ。

唐の高句麗征討（六五五～六五九年）

六五五年、唐の高句麗征討が再開され、以後、六六八年の高句麗滅亡まで続く。六五九年、百済が新羅の独山などの城を奪うと、新羅は唐に救援を求めた。唐は高句麗征討の一環として高句麗に味方する百済の成敗を決めた。

近畿王国の唐に対する方策も不明確である。しかし、六五四年の遣唐使に対して高宗はもし危急の場合には新羅救援を命じている。

『新唐書』はのべる。六五四年、大和国は「琥珀の大きさは斗のような、めのうの五升器のようなものを献じた。新羅が高句麗、百済のために荒らされた時、高宗は璽書《じしょ》を賜い、兵を出して新羅を援けしむ」（沈仁安『中国からみた日本の古代史』による）。

『唐会要』はさらに詳しく記す「高宗は璽書を降し、これを慰めて重ねていう。王国と新羅は接近しており、新羅は以前より高句麗、百済に侵略されており、もし危急があれば王はこれを救うため、兵を遣わすべきだ」とする。同様な文書は『新唐書』にもある。

「永徽《えいき》（六五〇～六五六年）の初、其の王孝徳即位、改元して白雉という。こはく、大なること斗の如く、めのう、五升の器の若きを献ず。時に新羅、高麗、百済のために暴せらる。高宗、璽書を賜い、兵を出だして新羅を授けしむ」（古田武彦訳『新唐書』）。孝徳と白雉の名が出ているので近畿王国のことである。高宗の考え方として

● 九州王国と近畿王国とは別の国であり、その内部分裂をはかり、近畿王国について新羅を助けよとする

● 百済の地を掌握できれば高句麗は孤立化できる。列島の国（九州王国と近畿王国）とは離れており、大きな力にならない

列島の国は百済の滅亡の前年に遣唐使を送った。しかし、翌年の百済征討をひかえた唐により「王たらむ年に、必ず海東の政あらむ。汝らは東に帰ることは得ざれ」として長安にとめおかれた。このことはあとでのべるように、近畿王国と九州王国の人がいたが、情報がもれることをおそれてそれぞれ別の所へ止めおかれた。そのため、唐の百済征討を正確に把握できなかった。これが敗戦につながった。

百済滅亡

六六〇年三月、唐は将軍蘇定方《そていほう》に十三万の軍を率いさせ、海上から、新羅王は五万の軍隊を発動させて、陸上から攻撃する作戦に出た。

両軍は連合して百済王都泗沘城を攻撃した。百済の義慈王《ぎじおう》は一度熊津城にたてこもったが、七月唐軍に降った。王は捕虜として洛陽に送られたが病死した。

唐は若干の駐留軍を残して旧百済領の統治を行わせ、主力は高句麗に向かった。こうした中で早くも八月には百済遺民が蜂起し、百済復興運動が展開された。

斉明六（六六〇）年、百済から使者が来て、百済の滅亡と遺民たちが挙兵して戦っていることを伝えた。

十月には遺臣の福信が近畿王国に使者をよこして、近畿王国に滞在していた豊璋《ほうしょう》の送還と百済援助を要請してきた。

「援軍を乞い、同時に王子豊璋を頂きたいと云った」（「紀」）

近畿王国はすぐに救援軍の派遣を承諾した。しかし、百済復興に一役買うことは、唐を敵に回すことを理解していなかった。

斉明天皇は十二月、筑紫に本営をおくことを決め、六六一年三月には那大津に着き、直後には朝倉宮に入った。しかし、七月には斉明天皇は客死した。斉明天皇の没後、中大兄皇子（のちの天智）は素服のまま称制を行った。称制は即位なしに天皇の職務をすることとされる。

二　白村江の戦い

白村江の戦いは「紀」では、近畿王国のものとされる。

関連の略年表（図表11−2）と図（図表11−3）を示す。

「六六〇年十月、鬼室福信が唐俘百余人を献上して援軍を請い、同時に余豊璋を国主に迎えたいと要請してきた。女帝はすぐさま武備をととのえて西征に出発し、筑紫に到って陣頭指揮を執るが、六六一年七月に朝倉宮で死没する。中大兄皇子は女帝の遺志を継いで長津宮で『水表の軍政』をとり、翌八月、とりあえず阿曇比邏夫連、阿部引田比邏夫臣ら五名を前後の将軍に任命し、救援軍の第一陣を派遣した」

「年が明けて六六二年（天智元）一月、中大兄皇子は福信に矢や糸、布、なめしがわなどの軍需物資や稲籾を大量に送り、百済復興軍に肩入れを行った。さらに、翌年三月には新たに前、中、後の将軍を任命して二万七千の兵力を率いさせて新羅を討つために増援軍を派遣した。

このころ復興軍は豊璋、福信を中心とした百済軍と倭国の救援軍が合流し、周留城を拠点としていた。しかし、六六二年の末には居城を移すかどうかをめぐって豊璋、福信と倭将が激しく対立する。翌六六三年になると、豊璋と福信の確執が表面化し、六月には豊璋が福信を殺害してしまう。

在位年（西暦）	『日本書紀』の記事
斉明 6（660）年	百済使いを遣わし、百済滅亡と興起を伝えた。 王子余豊璋を頂きたいとした。
斉明 7（661）年	百済が豊璋を乞うた。天皇は朝倉宮で亡くなった。 前軍と後軍の将を遣わし、百済を救けた。 軍兵５千余で豊璋を本国に送った。
天智元（662）年	百済の福信に糸、綿、布などを贈る。 唐、新羅が高麗を討った。高麗は救いを求めた。 豊璋を百済に送り、百済王位につかせた。 百済、周留城から避城に遷都 百済を救うために武器を整えた。
天智 2（663）年	前軍、中軍、後軍の２万７千人により新羅を伐たせた。 白村江の会戦、敗退した。 百済の州柔城は唐に降服
天智 3（664）年	百済王の善光らを難波に住ませた。 唐は郭務悰を遣わした。

図表11－２　白村江の戦い関連略年表（出典：『日本書紀』）

この機に乗じて復興軍を一気にたたこうと唐、新羅連合軍は水陸から周留城に迫った。八月二十七日、劉仁軌《りゅうじんき》率いる唐の水軍が白江の河口（白村江）に陣取っていたところに、盧原《いおはら》君の率いる倭の水軍と遭遇した。盧原君の部隊はおそらく同年三月に新羅に派遣された増援軍の一部で、周留城が包囲されたため、急きょ、その支援に向かったものであろう。

この日、倭軍は唐の軍船に戦いを挑んだが、その堅陣を破ることができず敗退する。両軍は翌日ふたたび戦火を交えるが、唐の軍船の攻撃を受けて統制を失った倭軍は大混乱に陥り大敗する。たくさんの倭兵が白江に飛び込んで溺死した」（熊谷公男『大王から天皇へ』）。

さらに「紀」の記事を示す。

「大唐の将軍は軍船百七十艘を率いて白村江に陣をひいた。二十七日に日本の先着の水軍と大唐の水軍とが合戦した。日本軍は敗けて退いた。大唐軍は陣を堅めて守った。二十八日、日本の諸将と百済の王とはそのときの戦況をよく見極めないで共に語って『われらが先を争って攻めれば、敵はおのずから退くだろう』といった。さらに日本軍は隊伍の乱れた中軍の兵を率い進んで大唐軍の堅陣を攻めた。すると、大唐軍は左右から船をはさんで攻撃した。たちまち日本軍は破れた。水中に落ちて溺死するものが多かった。船のへさきをめぐらすこともできなかった。朴布田来律は天を仰いで決死を誓い、歯をくいしばって怒り、敵軍数十人を殺したが、ついに戦死した。このとき百済王豊璋は数人と船に乗り高麗へ逃げた」（「紀」）

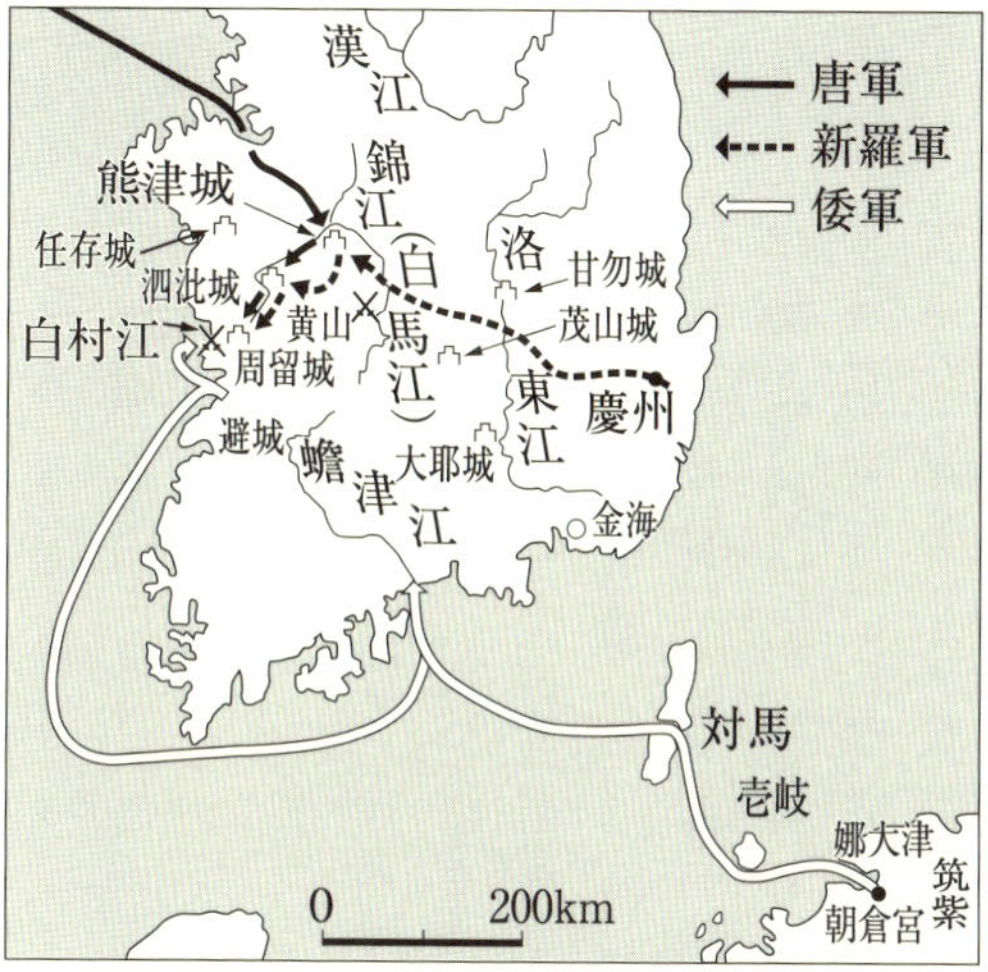

図表11－3　白村江の戦い合戦図
（出典：熊谷公男著『大王から天皇へ』2001年）

　この記録はきわめて短い。戦後の処理もほとんど記していない。指揮をとった天智の責任論もなく天皇に即位している。

　列島の国の百済救援は斉明天皇の死を乗り越えて称制の形で大王位を代行する中大兄皇子のもとでな

された（「紀」による）。

三国の軍派遣を記す。

●六六一年五月、百済王子豊璋の帰国と衛送軍五千人の派遣（第一次派遣軍）

●六六三年三月、新羅方面を攻撃する二万七千人の第二次派遣軍の渡海

●六六三年八月、白村江から百済遺民の抵抗拠点、周留城の救援に向かう万余の軍（第三次派遣軍）の派遣

白村江の戦いについて「紀」はきわめて簡単にのべる。

天智天皇元（六六二）年一月、中大兄皇子は福信に矢、米、布などを送り、百済復興軍を助けた。翌年三月には新たに、前、中、後の将軍を任命し二万七千人の兵力を率いさせて新羅を討つために増援軍を派遣した。

百済軍と救援軍が合流して、周留城を拠点としていた。六六三年白村江の戦いとなった。

三　戦争についての疑問

①二つの国があったのではないか

②近畿王国の動き。そして敗けた近畿王国との唐との国交が開始され繁栄に向っている。一

方、九州王国、百済、新羅は滅びている
③敗因は何か
④九州王国の滅亡の要因
⑤薩野馬の動き
⑥唐の動きと列島の国の外交
それぞれをみていく。

①九州王国、近畿王国の並立
はじめに「紀」の記事をみる。
斉明五（六五九）年の「伊吉博徳書」はのべる。列島の国の唐への使いについての記事である。

三十日に天子にお目にかかり、たずねられて「日本国の天皇はお変りないか」といわれた。使人は謹んで「天地の徳を合わせて平安であります」と答えた。天子は問うて「帝の卿らも変りはないか」と。使人は「天皇の恵み深く変ったことはありません」と答えた。天子がたずねて「国内は平和か」と。使人は「政道天地にかなって万民無事です」と。天子「ここにいる蝦夷の国はどちらの方角にあるのか」と。使人「国の東北の方角にあります」

と。天子「蝦夷には何種類あるのか」と。使人「三種類あります。遠い所の毛を都加留と名づけ、次のものを鹿蝦夷と名づけ、一番近いものを熟蝦夷と名づけています。今ここにいますのは熟蝦夷です。毎年日本の朝廷に入貢します。天子「その国には五穀があるのか」と。使人「ありません。肉食によって生活します。」天子「国に家屋はあるのか」使人「ありません。深山の樹の下に住んでいます」天子「自分は蝦夷の顔や体の異様なのをみて大変奇怪に感じた。使人らは遠くからやってきて苦労だったろう。退出して館で休むがよい、また後に会おう」といわれた。

十一月一日、朝廷で冬至のお祝いがあった。その日にまたお目にかかって拝謁した諸蕃の日本（倭）の客人は最も秀れていた。後に出火騒ぎがあったためまた詳しく検められなかった。十一月三日、韓智興の使人の西漢大麻呂がわれら客人をざん言した。客人らは唐朝に罪ありとせられ、流罪の刑に定められた。その前に智興を三千里の流刑に処した。客の中に伊吉博徳があり釈明した。そのために刑を免ぜられることになった。

事件が終わって勅旨があり、「わが国は来年必ず海東の政をするだろう。お前達日本の客も東に帰ることは許されない」といわれた。ついに長安に足止めされ、別のところに幽閉された

（宇治谷孟『日本書紀　全現代語訳』）

●はじめにたずねた言葉では「日本国の天皇と書き、次に朝貢に来ている諸蕃の中で「倭の

客秀れたり」とするのは「日本」とせずに「倭」としている。ここから「日本国」と「倭国」の客がいたことがわかる。ここの倭は九州王国のものとみられる（李鐘恒『韓半島から来た倭国』）

●あとの部分で韓智興の従者がわれら「日本人」の使人をざん言したため処罪を受けたとする。これは博麻の説明で嫌疑が晴れている

●おわりの部分で「汝等倭客」の訳は「汝等」（日本）と「倭」の客としなければ文脈が通らない。二国は仲が悪く、別々に止めおかれた

●止めおかれた理由は六六〇年の百済の征討をひかえて情報がもれるのを防いだ

●「倭」の客が秀れたりとするから、九州王国の人が主客である

斉明七（六六一）年五月に、再度韓智興の従者の中傷に関する記事がでる。韓智興の従者が日本の使節を中傷し、その中の一人が雷に打たれて死んだとわかる。韓智興と日本の使節とは仲が悪く、九州王国の使人ととれる。

孝徳紀の五年、倭種の韓智興が使人とともに帰国したとする。

これらをみると、倭国の身分の高い男とわかる。いいかえると、倭国（九州王国）と日本国の人が来ていた。ただし、両国の仲は悪かった。そして別の所に止めおかれた。

次に半島の史料をみる。

「龍朔三（六六三）年に至り……この時倭国の船員乗りて百済を助く。倭船千艘、停まりて白沙に在り」（『三国史記』新羅本紀）。

「百済王余豊二（六六二）年（余豊）使を高句麗、倭国に遣わして師を乞う。……ここにおいて仁師、仁頭及び羅王全法敏、陸軍をひきいて進む……倭人と白村江にあう。四戦皆克ち、その舟四百艘を焚く、煌炎天を灼き、海水舟を為す……王子択余勝・忠志等、その衆を帥い、倭人とともに降る」（『三国史記』百済本紀）。

ここで

- 倭国、倭人としている。九州王国ととれる
- 倭国から日本国への国号の変更は『新唐書』で明記している。六七〇年倭の名をにくみ、日本とするといっている。したがって半島史料の「倭国」「倭人」は「九州王国」ととれる。すなわち、九州王国と近畿王国が併存していた。統一もされていない
- 「史」でも倭国から日本国に六七〇年変更とする

中国史料をみる。『旧唐書』（百済国伝）は記す。「（竜朔二年七月）（択余豊）又使を高麗及び倭国に往かしめ、兵を請い、以て官軍を拒む」。

「仁執、択余豊の衆に白江の国にあい、四戦皆かち、其の舟四百艘を焚く、賊衆大いに潰ゆ、択余豊、身を脱して走り、偽王子、択余忠勝、忠志等、工女及び倭衆を率いて並び降る」。

『旧唐書』では「倭国」「倭衆」としており、この「倭」も「九州王国」とみられる。舟の派遣も九州王国ととれる。

さらに『新唐書』はのべる。「咸亨元（六七〇）年使を遣わして高麗を平ぐるを賀す」。「後、ようやく夏音に習い、国日の出ずる所に近し、以て各と為す。或は云う、日本はすなわち、小国、倭の為に并せられる。故に其の号を昌す」。倭と併せて「日本」としたと記している。

②近畿王国の動き

（a）天智の具体的動きが記されていない。

（b）天智の戦軍責任にもふれず、直後に天皇に即位している。戦いの記録も簡単である。

（c）半島史料・中国史料から、近畿王国の大軍派遣が実証できない。『旧唐書』では倭の四百艘を焚くとする。

（d）根本的批判がなされる（藤田友治ほか『ゼロからの古代史事典』）。「二万七千人が出征したが、『備中風土記』によると吉備軍二万人、廬原臣の駿河軍一万人も裏に服したため、決戦に間に合わなかった。肝心の天智は所在不明、陣頭指揮の記録もない。九州倭国は孤立無援の状態となる。結果として近畿倭国の裏切りにあった」「ヤマト王権は列島の王になるチャンスととらえたフシがある」。

「皇極（斉明）天皇の六年、大唐の将軍蘇定方、新羅の軍を率て百済を伐ちき。百済、使を遣はして救を乞ひき。天皇筑紫に行幸して、救の兵を出さむとしたまひき。時に天智天皇、皇太子たり。救を摂り行でましき。路に下道郡に宿りたまひ、一郷の戸邑甚だ盛んなるを見まして、天生詔を下し、試みに此の郷の軍士を徴す。即ち勝兵二万人を得。天皇大いに悦ばして此の邑を名づけて二万郷と曰ひきの後、改めて邇磨と曰ふ。天皇筑紫の行宮に崩りたまひて、終に此の軍を遣はさざりき」（『備中国風土記』）。

斉明天皇が崩じ、皇太子の時に軍を送らなかったとする。「紀」でも皇太子の具体的動きがない。

（e）万葉集に白村江の戦いにふれたものがない。

（f）戦後の百済救援軍捕虜帰還者一覧（図表11－4）をみると、近畿出身者がいない。

（g）敗戦の近畿は百済、高句麗のように滅ぶことなく、繁栄に向っている。直後に唐との国交も回復し、中央集権国家の樹立に向っている。近畿王国は途中から離脱したと推定される。

（h）半島まで進出する動機が乏しい。

（i）唐の軍は九州までである（六七一年）。

逆に九州王国主体とみると、中国史料、半島史料の確実な記録、九州を中心とした山城などから半島での紛争が推定できる。

帰国年	出身国・郡		氏名	出典
天智３年			土連連富杼 氷連老 弓削連元宝	持統４・10・乙丑紀
天智10年	筑紫		筑紫君薩夜麻	天智10・11・甲午紀
天武13年	筑前	那珂	猪使連子首 筑紫三宅連得許	天武13・12・癸未紀
持統４年	筑後	上陽咩	大伴部博麻	持統４・９・丁酉紀 〃　４・10・乙丑紀
持統10年	伊子 肥後	風速 皮石	物部薬 壬生諸石	持統四・十・戊戌紀
文武慶雲４年	讃岐 陸奥 筑後	那珂 信太 山門	錦部刀良 生王五百足 許勢部形見	続紀・慶雲４・５・癸亥条
	伊予	越智	大領先祖越智直	霊異記・上巻・第17
	備後	三谷	大領先祖	霊異記・上巻・第７

図表11－４　百済救援軍捕虜帰還者一覧
（出典：小田富士雄編『磐井の乱』1991年）

九州王国主体で戦争をした。

近畿王国は途中で離脱した疑いがある。唐との国交も回復し、国の滅亡もさけられた。

ただし、防備はした。（「紀」による）

- 烽を各所に配備した。『肥前国風土記』に二十カ所を示す
- 山城を補強した
- 防人を配備した

九州王国主体を示すものは多い。

(1)『隋書』により七世紀初の九州王国の存在がわかる。

(2)白村江の戦いにふれている半島史料、中国史料では「倭国」「倭人」「倭賊」などとする。すなおにとれば「九州王国」である。

(3)北九州の各地にある山城、神龍石、水城などをみても大部分は半島における対立のため、白村江以前に取得された。その建設は九州王国である。

(4)天智十（六七一）年、筑紫君薩野馬が帰還している。この男は博麻が自分を奴隷に身を落としても主人の帰還を助けており、九州王国の最後の王ととれる。

(5)戦いの直後に九州王国はなくなっている。戦争によるとみればきわめて理解しやすい。具体的には九州王国は近畿王国に統合されたと中国史料は明記している。

(6)中国の使者も戦後の九州王国の動きを監視している。使者も近畿まで至っていないことが多い。特に薩野馬の送還は九州までである。

③敗因

- 筑紫君など九州の豪族又は九州王国を中心とする動きである
- 唐の動きをしっかり把握していない。すなわち全体の戦略がない
- 百済がすでに滅亡し、自立した領土がなくなってから出征している
- 九州王国、近畿王国とバラバラに動いている
- 近畿王国は半島まで渡らなかった疑いがある。途中から「抜けた」疑いがある
- 全体を統率する将軍がいない
- 政治的にも未完成であり、列島の国には唐と新羅に対抗する経済力がなかった

年	事項	薩野馬	博麻
天智２(663)年	白村江の敗戦	薩野馬の捕囚	博麻の捕虜生活
天智９(670)年	倭国→日本国（三国史記）	薩野馬の捕囚	博麻の捕虜生活
天智10(671)年	薩野馬の帰還	薩野馬の捕囚	博麻の奴隷生活
持統４(690)年	博麻の帰還		博麻の奴隷生活
大宝元(701)年	倭国→日本国（新唐書）		

注１：『三国史記』によると、670年に倭国を日本と更めたとする
注２：薩野馬を「紀」では「筑紫の君」とする。九州国王ととれる
注３：・近畿王国は滅亡していない
・博麻が薩野馬を助けている
・671年の送還は兵２千人をつけ、九州まできている。近畿まで至っていない

図表11－5　薩野馬（麻）と博麻の略年表

④九州王国の滅亡の要因

●山城や水城を築いてきたこと
●五世紀～七世紀の半島との紛争や軍派遣
●軍事活動に特化したこと
●この最後の戦いが白村江の戦いであり、敗戦した
●新羅や唐の動きを把握せずに戦った

⑤薩野馬の動き

天智十（六七一）年に唐の郭務悰が二千人の軍勢とともに比知島に着いたと「紀」はのべる。重要な男のため、大軍とともに九州に来た。

持統四（六九〇）年によると博麻が帰国している。博麻は自分が奴隷になってまで薩野馬を助けたことが記されている。

二人の略年表（図表11－5）を示す。

この薩野馬を九州王国の最後の王ととれる。

●「筑紫君」としているから、王のことである

●郭務悰が二千人の兵とともに送還してきた。しかし、九州までである
●博麻の美談がある
そして、七〇一年、唐の則天武后は近畿王国を公認した。そのことは『新唐書』の中ではっきり示す。

白村江の戦いは九州王国主体であり、主な動向が九州王国ととれば、全ての史料に矛盾が生じない。

⑥唐の動きと列島の国の外交

西暦	天皇歴	月	記事
六六三年	天智二年	三月	前、中、後の将軍を遣わし二万七千人を率いて新羅を討たせた。
		八月	白村江で敗北
六六四年	天智三年	五月	百済にいた劉仁願は郭務悰らを遣わして表函をたてまつった。
		十二月	郭務悰らは帰国した。
六六五年	天智四年		対馬、壱岐、筑紫国などに防人とのろし台をおき、筑紫に大堤を築いた。
		八月	長門国、大野、椽に城を築いた。
		九月	唐が劉徳高らを遣わした、筑紫につき、表函をたてまつった。
		十月	盛大に菟道で閲兵をした。
		十二月	劉徳高らは帰国した。
六六七年	天智六年		都を近江に移した。

六六八年	天智七年	十一月	劉仁願は司馬法聡らを遣わして筑紫都督庁にきた。
六六九年	天智八年	一月	天智天皇即位
六七一年	天智十年	十二月	郭務悰ら二千余人を遣わした。
			対馬の国司が使いを大宰府にきた「筑紫君薩野馬を二千人の兵とともに送ってきた」(「紀」)
		十二月	天智天皇死亡
六七三年	天武二年	三月	郭務悰は皇帝の書函をたてまつった。五月郭務悰は帰国した。
六九〇年	持統四年	九月	博麻が帰国、博麻は自分が奴隷に身を売って薩野馬の帰国の費用を工面したとする。

唐の使人の動きとして六六四年の来日は戦後処理である。六六五年は近畿まできた。しかし、六六七年、六七一年については近畿まで至っていない。その中でも、六七一年には二千人の兵とともに薩野馬を送ってきたが、九州までしかきていない。近畿王国主体なら首都まで至るはずである。

これらのとり方として戦いの主体が九州王国であるととれば理解できる。九州に来て、その反攻を確認するとともに、元の王を送還した。併せて、近畿王国の動向も注視していた。

四　まとめ

次のようにまとめる。

当時二つの国があった。

戦いの主体は九州王国であった。

倭国（九州王国）はなくなり直後に日本国として統合された（『新唐書』で明記している）。

近畿王国は直接の当事者でないので唐の国交も支障がなかった。併せて、戦争の責任論など
はなく、中央集権国家の樹立をめざした。

高句麗、百済は滅亡し、敗けた九州王国も統合された。

十二章　日本国の成立

一　日本国成立期の激動

天智期

はじめに略年表（図表12－1）を示す。

六六七年に中大兄皇子は都を近江の大津に移した。「紀」には「天下の人民は遷都を喜ばず、諷諌する者が多かった」とする。戦争を主導した王の責任論もない。

遷都の理由として次が考えられる。

- 敗戦後の官都防衛のため、唐の動きに備えた
- 近江には渡来人が多く、生産力が高い。百済からの人が多かった

この頃の半島では、唐は高句麗征討の最中であり、新羅も出兵を命じられている段階なので、

天皇名（在位年）	西暦	出来事
天智 （668〜671年）	660年 663年 664年 667年 670年	百済滅亡 白村江の敗戦 冠位十二階 近江大津宮に遷都 戸籍をつくる
弘文 （671〜672年）	671年 671年 672年	天智天皇死亡 薩野馬の帰還、郭務悰九州にくる 壬申の乱（大海人皇子⇄大友皇子）
天武 （673〜686年）	673年 676年 681年 686年	天武即位、飛鳥に遷都 新羅による半島統一 飛鳥浄御原令天武 天武天皇死亡
持統 （686〜697年）	690年 691年 694年	持統即位、朝服・礼儀の制定 大嘗祭を実施 藤原京遷都
文武 （697〜707年）	697年 701年 702年	皇太子文武に譲位、宣令体の詔 年号を大宝とする 大宝律令頒布

図表12－1　天智〜文武期の略年表（『日本書紀』による）

防衛力の強化とみる。水城や山城の建設が記されている。しかしそれらを当初から建設したとはとれない。唐の使節（劉徳高ら）が六六五年に来ており、菟道で閲兵をしているからである。

六六八年、天智天皇として即位した。

①庚年年譜

六七〇年全国的規模での戸籍の作成を始めた。律令制では戸籍は六年に一度作成されたが、この戸籍は永久保存された。

戸毎に戸主を定め、戸口の名前を列挙し、戸主との続柄や年齢を記した。このような作業を全国的規模で実施した。奈良時代に入ると、一般公民は「〇〇部」とされるから、そのもとはこれによる。作成の前提として、中央集権的な国評の制度が定着され始めていた。

②官制の整備

六七一年に天智の王子の大友皇子を太政大臣に蘇我赤兄《あかえ》臣を左大臣に、中臣金連を右大臣とした。さらに太政官の下に六官（法官、理官、大蔵、兵政官、刑官、民官）という官制をおいた。

六七一年に天智は亡くなった。それまでに天智と弟の大海人皇子との兄弟対立が生じており大海人は吉野に居を移していた。天智の子の大友皇子と大海人皇子（天武）との戦いが壬申の乱である。関係図（図表12－2）を示す。

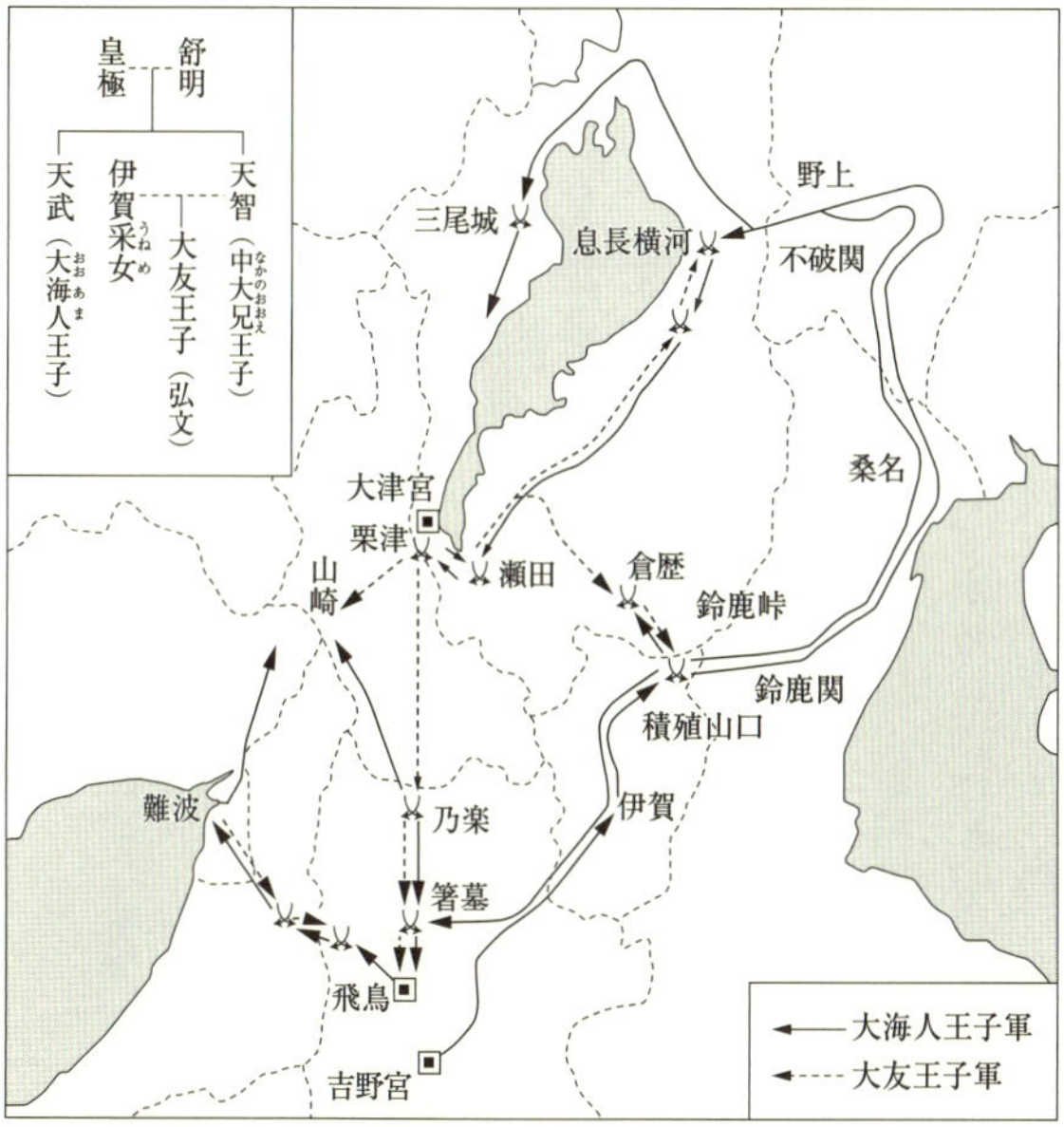

図表12－2　壬申の乱関係地図
（出典：藤田反治ほか著『ゼロからの古代史事典』2012年）

③壬申の乱

六七二年になって吉野にいた大海人に舎人が近江朝廷の不穏な動きを伝えてき

とした。天智天皇の山陵造営のため、美濃、尾張の国司に人夫を徴発させ、各自に武器を持たせる

六月二十二日、大海人は行動を起こした。美濃方面に使いを送り、美濃と近江の国境の要害の地の不破道を閉鎖するように命じた。

当時、大海人の王子にあたる高市皇子と大津皇子は近江にいたので、これを脱出させるようにし、大海人は妃と王子の草壁皇子、忍壁皇子らと吉野を発って美濃をめざした。夜通し行軍を続けた。

積殖（伊賀市）で脱出した高市皇子らと合流した。伊勢の鈴鹿までくると国軍の守と介が帰順してきた。当時国軍は近江側の地方官であるから、乱の勝敗に大きな影響を及ぼした。

そのまま行軍を続けて、朝明の族家（三重県朝日町）まで来ると、家臣が美濃口から動員した三千の兵力での不破道の封鎖を伝えてきた。これで戦闘体制が整った。

六月二十七日、不破に入った。尾張国守が二万の兵とともに馳せ参じた。

大友皇子は東国、大倭（ヤマト）、吉備、筑紫などに使者を送り、兵力の動員と協力をはかったが全て失敗した。筑紫大宰の栗隈王は外敵に備えているので兵士の徴発には応じられないとした。

七月一日、大倭で近江側を撃退した軍は勢いにのって近江をめざした。しかし、近江側の激しい抵抗があった。

大海人側には甲斐、信濃から兵士がきた。

大倭からの軍も当麻で近江軍と戦い、大勝した。

近江方面の戦線では七月二日に数万の兵が大津宮をめざして進軍した。近江側も数万の軍を犬上川から出陣させるが、途中で内紛がおこり、将軍の山部王は殺され、進軍は中止された。

近江側は瀬田川をはさんで最後の決戦をいどんだが、大海人側の勝利に終わった。

近江軍は総崩れになり、大友皇子、左右大臣はばらばらになって逃走した。逃げるあてのない大友皇子は大津に引き返し、山前（大津市）で自害した。

七月二十六日、将軍たちは不破の本営に集まった。こうして一カ月にわたった壬申の乱は終結した。

大海人側の勝因として
- 迅速で的確な戦略をとったこと
- 不破道を閉鎖したこと
- 筑紫には唐使郭務悰が直前までおり、筑紫大宰栗隈王は大海人側についたこと
- 新羅・唐との勢力をバックにしたこと

④壬申の乱の性格
近江大津遷都後、まもなく宴会において大海人が突然長槍で敷板を貫き、天智は大いに怒っ

たが、中臣鎌足のとりなしでおさまった。個人的な対立が生じていた。

また、天智は次の天皇として子の大友皇子とする父子継承を考えていたとする。

さらに額田王をめぐる二人の争いを示す。

しかし、これらは表面的であり、王国内部の権力争いには、天智＝百済、大海人＝新羅、唐との外国勢力が深くからんでいた。

天智は全面的に百済を支援した。内部の役人でも百済の人が多かった。亡命の人が多かった。

天智四年　佐平福信の功により鬼室集斯に小錦下を授けた。百済の四百人余を近江に住まわせた。達率答㶱春初を遣わし城を築き、達率憶礼福留、四比福夫に城を築かせた。

天智十年　余自信、沙宅紹明、鬼室集斯、谷那晋首、木素貴子、憶礼福留、答㶱春初、金羅金須、鬼室集信、徳頂上、吉大尚、許率母、角福牟らに位を授けた。


当時の外交を年表（図表12－3）として抽出する。

六六三年の敗戦後でも近江政権はきわめて百済との関係が深い。逆に天武（大海人）は新羅と唐との関係が強い。特に壬申の乱後では新羅との通商が多い。天智の主な例を示す。
●六六四年、百済王、善光らを難波に住まわせた
●百済の四百人を近江に住まわせた

図表12－3　白村江後の外交

西暦	百済関係	唐・新羅関係
六六三年	白村江敗戦	
六六四年	百済王の善光らを難波に住まわせた	五月、唐は郭務悰を遣わした
六六五年	百済人多数渡来。百済の四百人余を近江に住まわせ、田を給した	九月、唐は劉徳高・郭務悰ら二百五十四人を遣わした。菟道で閲兵をした 十二月、帰国した 唐に使いをさせた
六六六年	百済人の二千余人を東国に住まわせた	
六六七年	都を近江に移した。	劉仁願は家臣を筑紫都督府に遣わした。新羅が使いを遣わした
六六八年	一月、天智即位。百済が使いを遣わした	十月、唐は高麗を滅ぼした。新羅王に贈り物をした
六六九年	百済の男女七百余人を近江国蒲生郡に移住させた	郭務悰ら二千人来日
六七一年	百済の佐平余自信らに位を授けた 天智死亡	劉仁願が李守真らを遣わした。郭務悰ら二千人が薩野馬とともに比知島に来た。
六七二年	六月、大海人挙兵（壬申の乱）	郭務悰、皇帝の書を届けた。五月、郭務悰帰国船一艘を新羅の客に与えた。
六七三年	新羅から即位の祝賀使者が来た	

●百済の二千余人を東国に住まわせた
●六六九年、百済の男女七百余人を近江国に住まわせた

九州王国がすぐになくなったと考えられず唐は六六四年、六六五年、六六七年、六六九年、六七一年に大きな使節団を送っている。

九州王国の監視と近畿王国の動きをさぐっているととれる。この中で六六七年に劉仁顧が家臣を筑紫都督府に送っているのは九州王国の監視である。近江側はこの対応に忙殺されていた。六七二年五月に武器を供与し、郭務悰に帰国してもらった。

こうしたことで、大海人の動きまで意識が回らなかった。逆に大海人側は新羅戦用の兵を取りこんだ。

博多、近江に中心地があった時の約十年、唐は大代表団を送っている。この背景として旧倭国の処理があった。

●筑紫都督府は唐側の倭国監視機関ととれる。百済の熊津にも同様のものがあった
●唐・新羅の来訪は六六四年、六六五年、六六七年、六六九年、六七一年、六七二年ときわめて多い。近畿王国と旧倭国の動向を監視していた
●この中でも六六九年、六七一年の来日は大軍であり、旧倭国（九州王国）の反攻をおそれた

●当時、倭国の勢力が九州北部にあった。百済からの人もいたとみる。「白村江敗北の旧倭国は南方四〇キロの筑後川以南に退いていた可能性がある」（藤田友治ほか『ゼロからの古代史事典』）

●特に六七一年に郭務悰が二千人の大軍とともに薩野馬を送還したのは旧倭国（九州王国）の反攻を強く警戒していた。しかし、近畿までは至っていない。

北九州には旧倭国があり、唐の使節が来ており、近畿王権の内部では百済対新羅勢力の路線対立があった。

壬申の乱でもこの国際情勢は大きく影響していた。大友―百済、大海人―親唐、新羅とされる。

筑紫大宰の栗隈王は近江政権の使者に対して外敵に備えているから軍を動かせないとする。大海人側の外交をとり、新唐、新羅路線をとっていた。

そして壬申の乱直前に唐の使者がいなくなるのは、九州王国と大和国（日本国）の動きを確認したからである。同じ頃、九州王国はなくなった。

逆に乱後において新羅との通商が多く、すぐに唐との外交も開始されている。

乱後において天武が即位した。

近江政権のような百済色がなくなり、旧飛鳥と難波の勢力を主体にした。外交的には新羅と唐との通商を深めた。
唐の史料から、国名も日本国と更えている。倭国はなくなったととれる（六七〇年）。乱後に天皇中心の中央集権国家の建設を進めた。天皇の君主号、日本の国号も成立した。

天武・持統期

①日本国の国号
『三国史記』（新羅本紀）によると「倭の名が雅でないため日本国とした」とする、六七〇年である。『新唐書』も同様なことを記す。

②天皇号
天武期に成立した天武の飛鳥池遺跡から「天皇」名の入った木簡が出土している。これは『隋書』の「倭国」の「天子」にかわるものである。その天子の国は滅び、天皇による日本国が成立した。大王の君主号も廃した。

③業績
●飛鳥浄御原宮造営（六七三年に天武即位）
●六七三年、六七六年、六七七年国司による新嘗祭実施。六九一年に大嘗祭が持統天皇によ

り実施

- 中央官制の整備
- 六八一年、飛鳥浄御原令
- 藤原京遷都
- 律令体制の整備
- 六七〇年より遣唐使
  併せて、倭国から日本国への国号も承認

二　大嘗祭

九州王国

新嘗祭が神祇官など中央宮司によって準備されるのに対して大嘗祭は即位後に一世に一度だけなされて主基、悠紀の斎国の国司が準備にあたった。この原型についての推定がなされている。

天孫降臨地は頻出するが、代表的なものとして、

「竺紫の日向の高千穂の久士布流多気」（記）であるので、降臨地は北九州である。そして「記紀」の神話で天降るという表記は「出雲、筑紫、新羅」のみが到達点であるから、出発点はその内部にある。

次に「記」の国生み神話でイザナギとイザナミが大八島国などを生んだのちの「亦の名」がつき「天の」とするのは次である。併せて比定地を示す。

女島を生めき、亦の名は天の一根（姫島、玄界灘）

知訶島を生みき、亦の名は天の忍男（五島列島）

両児島を生みき、亦の名を天両屋（男女群島）

比定地は全て北九州の北部沿岸にある。

筑紫に中心を移した天孫族の祖宗の地はこの条件にあてはまる島であり「壱岐」と「対馬」以外にない（石部正志ほか『天皇陵を発掘せよ』）。祭では主基、悠紀の国が祭儀を実施する。壱岐、対馬のうち、これらの伝承にふさわしい地は対馬であり、主基、悠紀の原型とみられるものは対馬の上県町の佐護と厳原町の豆酘《つつ》とする（藤田友治『前方後円墳』）。

これは大嘗祭の原型であり、史料は確実でないが、九州王国の重要な祭儀ととれる。

大嘗祭の実施を示すのはその祝詞の文言である。皇御孫＝ニニギの時点において「この皇御孫を中心に大嘗祭を行う」（古田武彦『失われた九州王朝』補章）とする。

集侍なれる神主、祝部等、諸聞しめせ、と宣る。高天原に神留ります、皇睦神ろき・神ろみの命もちて、天つ社・国つ社と敷きませる。皇神等の前に曰さく、今年十一月の中の卯の日に、天の御食の長御食の遠御食と、皇御孫の命の大嘗聞とめさむための故に、皇神等あひうづのひまつりて……

（古田前掲書）

- 皇孫を中心に大嘗祭を行うと宣言している
- ここでの高天原や天孫降臨地は筑紫である
- 神官などはこれに協力するよう宣言している

近畿王国（大和国）

七、八世紀の新嘗祭又は大嘗祭の記事をみると「記」になく「紀」のみである。
①天武二年十二月五日、大嘗祭に奉仕した中臣、忌部および神官の人たち並びに播磨、丹波両国の郡司以下の人夫たちに賜物があった。
②天武五年九月二十一日、神官が「新嘗祭のための国郡を占いましたら、斎忌は尾張国山田郡、次は丹波国訶沙郡となりました」と奏上した。
③天武六年十一月二十一日、新嘗の祭を行われた。二十三日、百寮の有位の者に、新穀を賜わった。

④持統五（六九一）年十一月一日、大嘗祭を行い、神祇伯中臣朝臣大嶋が、天つ神の寿詞を読んだ。

三十日、神祇官の長上以下神部に至るまでと、大嘗に供奉した播磨、因幡の郡司以下百姓の男女に至るまでに饗と絹などを賜わった。

⑤文武二年十一月二十三日、大嘗祭を行った。直広肆の榎井朝臣倭麻呂か大楯を大嘗官の門に立て、直広肆の大伴宿禰手拍が楯と桙を立てた。神祇官の官人と大嘗祭の仕事にお仕えした尾張、美濃二国の郡司や百姓らにそれぞれの仕事に応じて物を賜わった。

ここで①②③はいわゆる大嘗祭を実施したのでなく、通常の新嘗祭をした人に贈物をした。明らかに大嘗祭ととれるのは④の持統五（六九一）年からである。この時代背景として

- 六七一年の薩野馬の帰還
- 六七二年壬申の乱
- 六九〇年、持統天皇の即位
- 六九一年、藤原宮の造営

九州王国の滅亡があり、国内の内戦もおさまり、持統天皇が即位し、列島の統一国の王としての祭儀を六九一年に実施した。大嘗祭は即位後に一世に一度だけなされ悠紀・主基の国司が準備にあたった。

同じ頃、『新唐書』（日本伝）は記す。

「咸亨元（六七〇）年使を遣わして高麗を平ぐるを賀す。後、ようやく夏音に習い、倭の名を悪み、更めて日本と号す。使者自ら言う、国日出ずる所に近し、以て名と為す。或は云う、日本は乃ち小国、倭の為に并せらる、故にその号を冒す」

「倭国伝」では四面小島で五十余国とする。「日本伝」では西界南界は海であり東界北界は大山有り、山外は毛人の国であるとする。両国の地理を正確にのべている。

三　建元

九州王国の年号として確認できるものとして、継体（五一七年）に始まり、以下連続してあり、大長（六九八年）まで続く。近畿王国については大化、白雉、朱鳥があるが、断片的であり、短期間に終わっている。加えて、年号を制定するとき「改元」とし、宮廷を中心に狭い範囲に利用され、全国的に実施されたようにとれない。

年号が王朝の成立の一つの証となることは疑いなく、『続日本紀』は記す。

文武天皇、大宝元（七〇一）年

「三月　甲午　対馬嶋貢金　建元為大宝元年」

（三月三十一日、対馬嶋金を貢ぐ。元を建てて大宝元年とする）

年号を「建元」しており、統一日本国が成立したことを示す。同じ頃、唐との国交も開始され、国際的に「日本国」として認められた。

四　日本国の始まり

「紀」の最後の部分は持統天皇から軽皇子（文武天皇）への譲位である。

「八月乙丑朔、天皇定策禁中禅天皇位於皇太子」

（八月一日、天皇は宮中での策を決定されて皇太子に天皇の位を譲られた）

「定策」の本来の意味は「天子が空位になったとき、重臣の手で新たな有資格者を推挙し、新天子を決定することである」（荒金卓也『九州古代王朝の謎』）。

近畿王権は九州王権の分流として、大和、河内を中心としての地域王権にすぎなかったが、九州王国が滅亡し、それを併せた形の日本国の天皇を決定することであった。そのため、本来の意味の「定策」とした。「紀」はここで終り、『続日本紀』に続く。

この時期の天皇による政策は画期的であるだけでなく、政策が全国に及び、「始める」政策が多い。その中で最も重要なものは大宝律令である。

- 持統四年　新しい朝服を着用した

- 持統五年　大嘗祭を行った
- 文武二年　朝儀の式をした
- 文武三年　鋳銭司を設けた
- 大宝元年　新しく元号を立てて大宝元年とした
　　　　　　大宝令に基づいて官名と位号の制を改正した
- 大宝二年　大宝律令を頒布した

七〇一年の大宝律令の施行とともに、六七〇年以来三十年ぶりに遣唐使が派遣された。併せて倭国から日本国への国号の変更も承認されている。

『旧唐書』（本紀巻六）は記す。

「長安二（七〇二）年名十月　日本国、使を遣わして方物を貢す」

文武元（六九七）年、持統天皇から位を譲り受けて、皇位につかれ、宣令体の詔をした。「高天原にはじまり、遠い先祖の代々から、中垣及び現在に至るまで、天皇の皇子が次ぎ次ぎにお生れになり、大八嶋国をお治めになる順序として、天つ神の御子のまま、天においでになる神がお授けになったとおりに取りおこなってきた、天つ日嗣の高御坐の業であると現御神として大八嶋国をお治めなされる倭根子天皇がお授けになり、仰せになる。尊く高く広く厚い大命を受けたまわり恐れかしこんで、このお授けになる天下を調え平げ、天下の公民を恵み撫でいつくしもうと仰せられる、天皇の大命を、皆よく承れと仰せられる」(『続日本紀』)。

● 高天原から始まり、大八嶋国を治めてきた倭根天皇が授け、仰せになる

● この日本国の天皇として天皇より譲位されてこの国を治める。文武天皇である

● 天孫の王権の格を引き継いで即位する

この宿命体の中で天孫降臨から一つの王国のみがあったとするなら、それは史実でない。直後において日本国に反対する者がいた。そのため取り締りをしていた。和銅元(七〇八)年山沢に逃げ、禁書をしまい隠して、百日経っても自首しないものは本来のように罪する(『続日本紀』)。

『旧唐書』を再び引用する。

「日本国は倭国の別種なり。其の国日辺に在るを以て、故に日本を以て名と為す。或は曰う。倭国自ら其の名の雅ならざるを悪み改めて日本と為す、或は云う。日本は旧小国倭国の地を併す、と」。

天皇は中央集権国家の王として、神として統治した。しかし、それが絶対的なものでなく、常により良いものを求めて進むしかない。

■主要参考図書

石原道博編訳『魏志倭人伝・後漢書倭伝・宋書倭国伝・隋書倭国伝』岩波書店、一九八五年
宇治谷孟訳『日本書紀　全現代語訳』（上・下）講談社、一九八八年
小田富士雄編『古代を考える　磐井の乱』吉川弘文館、一九九一年
古田武彦著『九州王朝の歴史学――多元的世界への出発』駸々堂、一九九一年
古田武彦著『日本古代新史――増補・邪馬一国への挑戦』増補版、新泉社、一九九一年
倉野憲司校注『古事記』（ワイド版岩波文庫）岩波書店、一九九一年
石部正志・藤田友治・西田孝司編著『天皇陵を発掘せよ――大古墳の発掘はなぜ必要か』三一書房、一九九三年
石部正志・藤田友治・西田孝司共著『続・天皇陵を発掘せよ――日本古代史の真実を求めて』三一書房、一九九五年
藤田友治著、古田武彦解説『好太王碑論争の解明――〝改ざん〟説を否定する』新泉社、一九八六年
所　功著『年号の歴史――元号制度の史的研究』雄山閣、一九九六年
山崎不二夫著『水田ものがたり――縄文時代から現代まで』農山漁村文化協会、一九九六年
藤田友治と天皇陵研究会編『古代天皇陵をめぐる――古代天皇陵ガイドブック』三一書房、一

九九七年
田村圓澄・山尾幸久・小田富士雄著『古代最大の内戦　磐井の乱』増補改訂版、大和書房、一九九八年
中河原喬著『磐井の乱と九州王朝――石人・石馬の語る世界』同成社、一九九九年
古田史学の会編『古田史学論集　古代に真実を求めて』第一集、第九集、第十集、第十二集、明石書店、一九九九〜二〇〇九年
李鐘恒著、兼川晋訳『韓半島からきた倭国――古代伽耶族が建てた九州王朝』新装版、新泉社、二〇〇〇年
高城修三著『紀年を解読する――古事記・日本書紀の真実』ミネルヴァ書房、二〇〇〇年
藤田友治編著『前方後円墳――その起源を解明する』（シリーズ〈古代史の探究〉3）ミネルヴァ書房、二〇〇〇年
内倉武久著『大宰府は日本の首都だった――理化学と「証言」が明かす古代史』（シリーズ〈古代史の探究〉4）ミネルヴァ書房、二〇〇〇年
寺沢薫著『王権誕生』（日本の歴史02）講談社、二〇〇〇年
藤田友治著『魏志倭人伝の解明――西尾幹二『国民の歴史』を批判する』論創社、二〇〇〇年
都出比呂志著『王陵の考古学』岩波書店、二〇〇〇年
熊谷公男著『大王から天皇へ』（日本の歴史03）講談社、二〇〇一年

水谷千秋著『謎の大王継体天皇』文藝春秋社、二〇〇一年
白石太一郎著『古墳とその時代』（日本史リブレット4）山川出版社、二〇〇一年
篠川賢著『大王と地方豪族』（日本史リブレット5）山川出版社、二〇〇一年
遠山美都男著『天皇誕生――日本書紀が描いた王朝交替』中央公論社、二〇〇一年
高見勝則著『倭の女王国を推理する』海鳥社、二〇〇一年
鈴木靖民編『倭国と東アジア』（日本の時代史2）吉川弘文館、二〇〇二年
森公章編『倭国から日本へ』（日本の時代史3）吉川弘文館、二〇〇二年
荒金卓也著『九州古代王朝の謎』海鳥社、二〇〇二年
沈仁安著、藤田友治・藤田美代子訳、古田武彦解説『中国からみた日本の古代――新しい古代史像を探る』（シリーズ〈古代史の探究〉5）ミネルヴァ書房、二〇〇三年
安本美典著『倭王卑弥呼と天照大御神伝承――神話のなかに、真実の核がある』（推理・邪馬台国と日本神話の謎）勉誠出版、二〇〇三年
安本美典著『邪馬台国と高天の原伝承――「邪馬台国=高天原」史実は国内で神話化した』推理・邪馬台国と日本神話の謎）勉誠出版、二〇〇四年
白石太一郎著『考古学と古代史の間』（ちくまプリマーブックス）筑摩書房、二〇〇四年
井上光貞著『神話から歴史へ』（日本の歴史1）中央公論社、二〇〇五年
佐原真著、金関恕・春成秀爾編『戦争の考古学』（佐原真の仕事4）岩波書店、二〇〇五年

武田幸男編『日本と朝鮮』（古代を考える）吉川弘文館、二〇〇五年
高橋一夫著『鉄剣銘一一五文字の謎に迫る――埼玉古墳群』（シリーズ「遺跡を学ぶ」16）新泉社、二〇〇五年
小田富士雄監修「古代九州」（「別冊太陽」日本のこころ136）平凡社、二〇〇五年
森公章著『東アジアの動乱と倭国』（戦争の日本史1）吉川弘文館、二〇〇六年
内倉武久著『卑弥呼と神武が明かす古代――日本誕生の真実』（シリーズ〈古代史の探究〉8）ミネルヴァ書房、二〇〇七年
清水眞一著『最初の巨大古墳――箸墓古墳』（シリーズ「遺跡を学ぶ」35）新泉社、二〇〇七年
倉本一宏著『壬申の乱』（戦争の日本史2）吉川弘文館、二〇〇七年
正木晃著『宗像大社・古代祭祀の原風景』（NHKブックス1119）日本放送出版協会、二〇〇八年
山崎純男著『最古の農村――板付遺跡』（シリーズ「遺跡を学ぶ」48）新泉社、二〇〇八年
アクロス福岡文化誌編纂委員会編『古代の福岡』（アクロス福岡文化誌3）海鳥社、二〇〇九年
古田武彦著『失われた九州王朝――天皇家以前の古代史』（古田武彦・古代史コレクション2）ミネルヴァ書房、二〇一〇年
古田武彦著『盗まれた神話――記・紀の秘密』（古田武彦・古代史コレクション3）ミネルヴァ書房、二〇一〇年

森公章著『倭の五王――五世紀の東アジアと倭王群像』（日本史リブレット人００２）山川出版社、二〇一〇年
奥野正男著『邪馬台国はここだ――吉野ヶ里はヒミコの居城』（奥野正男著作集1）梓書院、二〇一〇年
田島代支宣著『九州からの邪馬台国、倭国、日本国――前方後円墳の起源・盛衰』梓書院、二〇一一年
高城修三著『日出づる国の古代史　その三大難問を解く』現代書館、二〇一一年
山本廣一著『新説倭国史――古代日本の謎を解く』ブイツーソリューション、二〇一一年
古田史学の会編『九州年号の研究　近畿天皇以前の古代史』（シリーズ〈古代史の探究〉9）ミネルヴァ書房二〇一二年
藤田友治・伊ヶ崎淑彦・いき一郎編著『ゼロからの古代史事典』ミネルヴァ書房、二〇一二年
古田武彦著『壬申大乱』（古田武彦・古代史コレクション13）ミネルヴァ書房、二〇一二年
武光誠著『真説日本古代史――通説を覆す「逆転」の発想』PHP研究所、二〇一三年
大矢野栄次著『壬申の乱の舞台を歩く――九州王朝説』梓書院、二〇一三年
木下正史著『倭国のなりたち』（日本古代の歴史1）吉川弘文館、二〇一三年
萱島伊都男著『卑弥呼は福岡市付近にいた――邪馬台国は伊都国の近くにあった』創英社／三省堂書店、二〇一三年

武光誠著『日本の古代史　本当は何がすごいのか』育鵬社、二〇一四年
大塚初重著『装飾古墳の世界をさぐる』（「考古学」最新講義シリーズ）祥伝社、二〇一四年
古田武彦著、古田武彦と古代史を研究する会編『古田武彦の古代史百問百答』（古田武彦・歴史への探究5）ミネルヴァ書房、二〇一五年

田島代支宣（たじま・よしのぶ）
1940年東京都生まれ。東京都立大学卒業。元水資源開発公団勤務。著書に『水と森の収奪』（海鳥社、1997年）、『水とエネルギーの循環経済学』（海鳥社、2001年）、『卑弥呼女王国と日本国の始まり』（海鳥社、2008年）『九州からの邪馬台国・倭国・日本国』（梓書院、2011年）、『原発廃炉と破綻を避ける財政改革』（海鳥社、2014年）がある。

九州《きゅうしゅう》からの邪馬台国《やまたいこく》と近畿王国《きんきおうこく》そして日本国《にほんこく》の始《はじ》まり

■

2016年4月25日　第1刷発行

■

著　者　田島代支宣

発行者　杉本　雅子

発行所　有限会社海鳥社

〒812-0023　福岡市博多区奈良屋町13番4号

電話092（272）0120　FAX092（272）0121

http://www.kaichosha-f.co.jp

印刷・製本　有限会社九州コンピューター印刷

［定価は表紙カバーに表示］

ISBN978-4-87415-976-7